Lieutenant L. LASSENCE

LE

DEVOIR MILITAIRE

« Una salus victis, …

VIRG. (Énéide, II, 354.)

« Je voudrais que, par des honneurs, par des ré-
« compenses publiques, on donnât de l'éclat à toutes
« les vertus patriotiques, qu'on occupât sans cesse
« les citoyens de la patrie, qu'on en fît leur plus
« grande affaire, qu'on la tînt incessamment sous
« leurs yeux. De cette manière… leurs cœurs appren-
« draient à connaître un autre bonheur que celui de
« la fortune; et voilà l'art d'ennoblir les âmes et d'en
« faire un instrument plus puissant que l'or. »

J.-J. ROUSSEAU,

(Considérations sur le gouvernement de Pologne,
Chap. III.)

BERGER-LEVRAULT, ÉDITEURS

PARIS | NANCY
RUE DES BEAUX-ARTS, 5-7 | RUE DES GLACIS, 18

1914

Prix : 1 fr. 50

Lieutenant L. LASSENCE

LE
DEVOIR MILITAIRE

« *Una salus victis, nullam sperare solutem.* »

VIRG. (*Énéide*, II, 354.)

« Je voudrais que, par des honneurs, par des ré-
« compenses publiques, on donnât de l'éclat à toutes
« les vertus patriotiques, qu'on occupât sans cesse
« les citoyens de la patrie, qu'on en fît leur plus
« grande affaire, qu'on la tînt incessamment sous
« leurs yeux. De cette manière... leurs cœurs appren-
« draient à connaître un autre bonheur que celui de
« la fortune ; et voilà l'art d'ennoblir les âmes et d'en
« faire un instrument plus puissant que l'or. »

J.-J. ROUSSEAU,
Considérations sur le gouvernement de Pologne,
Chap. III.)

BERGER-LEVRAULT, ÉDITEURS

PARIS | NANCY

RUE DES BEAUX-ARTS, 5-7 | RUE DES GLACIS, 18

1914

DU MÊME AUTEUR

AVERTISSEMENT

Cette étude a pour origine une conférence faite le 22 avril 1910 à l'École normale d'instituteurs de Nîmes (application de la circulaire ministérielle du 6 février 1909, *B. O.*, édition méthodique, volume 85, *in fine*).

Le sujet a été ultérieurement repris et développé. L'argumentation a été renforcée. Des citations nombreuses sont venues apporter, à l'appui de la thèse soutenue, le témoignage de quelques grands penseurs.

Les compléments ainsi introduits dans le texte en ont assez sensiblement augmenté la longueur; aussi a-t-il paru avantageux d'adopter une division en chapitres destinée à faciliter la lecture. Toutefois, le travail actuel demeure, dans son ensemble, une simple amplification étroitement apparentée à la rédaction initiale.

C'est pourquoi il a semblé préférable de lui conserver le ton et l'allure d'une conférence, afin de le maintenir le plus près possible de la forme sous laquelle il a été conçu.

L. L.

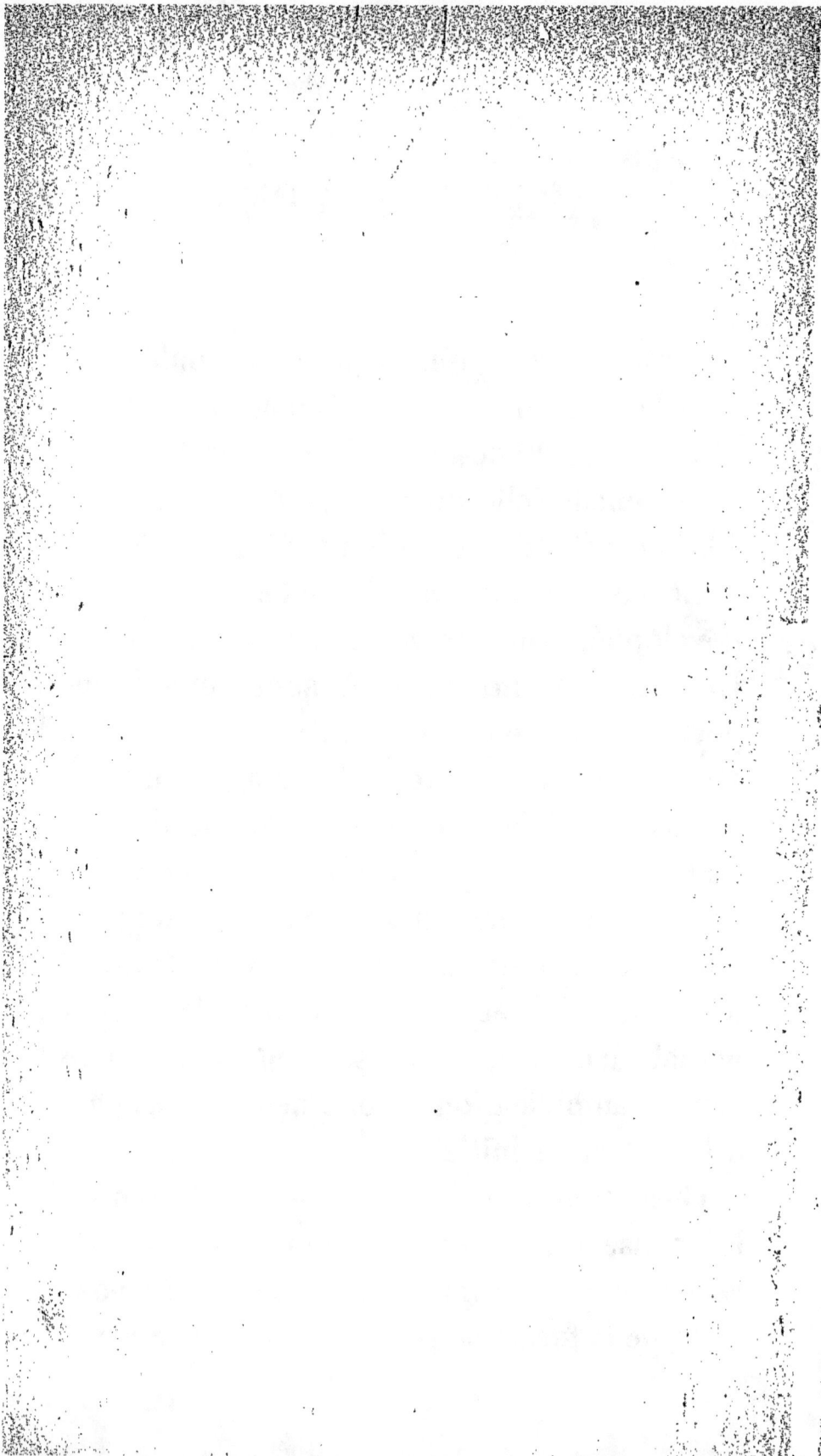

LE

DEVOIR MILITAIRE

CHAPITRE I

La loi morale. — Droits et devoirs. — Plan de la conférence.

Messieurs,

L'effort intellectuel de la race humaine s'est partagé, depuis l'origine de la connaissance, entre trois domaines. Mais il s'est heurté dans chacun d'eux à des difficultés d'ordre et de degrés différents, et les résultats qu'il y a obtenus sont loin d'être comparables : c'est ainsi que les sciences mathématiques et les sciences physiques sont déjà depuis de longs siècles en possession de méthodes précises et de résultats positifs, tandis que les sciences morales ne nous présentent encore à l'heure actuelle que peu de principes rigoureusement établis.

En particulier, nulle matière ne prête autant à la discussion que la morale proprement dite.

Rien n'est plus incertain que ses bases, ses méthodes, ses limites même.

Toutefois un sentiment commun domine ce chaos : c'est le respect de la loi morale elle-même. Ce sentiment, Messieurs, vous le professez à coup sûr et quelle que soit, par ailleurs, la diversité de vos conceptions. Vous reconnaissez l'existence de la loi morale et vous lui attribuez un caractère absolu, obligatoire et universel ; en un mot, elle est pour vous, suivant la formule célèbre de Kant, « un impératif catégorique ». L'homme n'est donc pas, à vos yeux, libre de se conduire à sa guise, au gré de son instinct, de son intérêt ou de sa fantaisie : vous n'oubliez pas qu'il a des « droits », mais vous affirmez qu'il a aussi des « devoirs ». Le sens de ce dernier mot vous est parfaitement connu ; et il m'est par suite permis de l'introduire dans ma discussion sans définition préalable et sans pourtant tomber dans un cercle vicieux ni commettre un pétition de principe.

Ainsi, nous venons de le rappeler, l'homme est soumis à un certain nombre de devoirs. Le « devoir militaire », dont l'étude nous occupe aujourd'hui, est l'un d'entre eux.

C'est l'obligation pour tout citoyen de concourir à la défense de la patrie.

Je m'empresse d'ajouter que l'affirmation que renferme cette formule est loin d'être évidente. Mais la définition que je viens de vous donner a l'avantage de limiter du premier coup le champ de nos recherches. Je la prendrai donc pour point de départ, et l'analyse que j'en ferai devant vous m'amènera successivement à rechercher :

1º Ce que c'est qu'une patrie ;

2º Si les citoyens d'une patrie ont des devoirs envers elle ;

3º Si la défense de la patrie entre dans la série de ces devoirs ;

4º Comment le citoyen doit s'en acquitter.

CHAPITRE II

Origine et éléments constitutifs de l'idée de patrie : éléments géographique, ethnique, linguistique, religieux, historique.

De l'origine même de l'idée de patrie, je dirai peu de choses. L'humanité primitive vivait en tribus organisées pour la chasse et la guerre ; et ce mode d'existence, qui succéda sans doute d'assez bonne heure à l'isolement initial des individus et des familles, suffit longtemps aux exigences de la lutte pour la vie. Cependant la sociabilité humaine se développait peu à peu. Les hommes comprirent progressivement les avantages d'associations de plus en plus étendues. La similitude des langues, des croyances, des coutumes, des besoins et des goûts les agglomèra en communautés plus importantes. Lorsque la vie sédentaire succéda à la vie nomade, la possession en commun d'un même sol vint fortifier l'individualité de ces groupements. Des cités, puis des États se fondèrent : dès lors les patries étaient créées ; le nom seul y manquait encore ; il ne devait apparaître que beaucoup plus tard.

Messieurs, l'ancienneté de l'idée de patrie n'est discutée par personne. Qu'il nous suffise donc de retenir — et j'en tirerai argument tout à l'heure — qu'elle remonte aux périodes les plus reculées de l'histoire et même de la préhistoire ;

et sans nous attarder plus longtemps à l'étude de ses lointaines origines, considérons-la dans sa forme actuelle et cherchons à l'analyser avec précision. Nous trouverons en elle un certain nombre d'éléments matériels et moraux : l'amour du sol natal, les rapprochements ethnographiques, l'analogie ou l'identité de la langue ou de la religion, la communauté d'histoire. Examinons-les successivement.

Le premier élément que distingue notre analyse est l'amour du sol natal, sentiment presque instinctif, conséquence de la loi universelle qui lie tout être vivant à son milieu. Peu importent d'ailleurs l'espèce et la qualité de ce milieu, les séductions du paysage, la fertilité du terroir, la douceur du climat. Il s'en faut que les terres les plus ingrates soient les moins fidèlement aimées. Gardons-nous, cependant, de toute exagération : si les conditions extérieures du lieu ne sont pas essentielles, ni même prépondérantes dans la formation d'un groupement humain, elles influent néanmoins d'une manière certaine sur la valeur ultérieure de ce groupement.

Une patrie, quelle qu'elle soit, comporte donc tout d'abord une certaine individualité géographique ; si tous les citoyens n'en possèdent pas la notion exacte, tous, jusqu'aux plus humbles, en éprouvent au fond d'eux-mêmes le sentiment confus mais vivace.

Les exceptions, — il y en a, — confirment la règle générale. L'histoire, injuste et brutale, a souvent morcelé des provinces ou des États ; elle a rayé de la carte du monde le nom de certaines patries. Mais ces mutilations sont vaines ; toujours vivace, le culte de la patrie lointaine ou abolie refleurit à jamais dans les consciences. Émigrés ou résidents, les Alsaciens-Lorrains sont demeurés Français et la Pologne, démembrée depuis plus d'un siècle, continue à vivre d'une vie propre et garde au fond d'elle-même l'espoir de sa revanche.

A côté de cet élément géographique, nous trouvons à la base de l'idée de patrie un élément ethnique.

Mais ici une objection se présente aussitôt à nous. Il y a encore, disent les théoriciens de l'antipatriotisme, une race blanche, une race noire, une race jaune, une race rouge. Mais à l'intérieur de la race blanche, et si l'on excepte le petit groupement israélite, qui seul a gardé son sang à peu près pur, mais qui vit dispersé au hasard de plusieurs patries, les mélanges, les croisements, les voyages, les émigrations, les immigrations, les invasions, les conquêtes ont altéré jusqu'à les rendre méconnaissables les types primitifs. Si nous examinons en particulier la population française actuelle, nous y trouvons un inextricable amalgame « de Ligures, d'Ibères, de Celtes, de Celtibères, de Galates, de Kymris, de Romains, de Grecs, de Germains et de Francs » (1).

L'Allemagne est un composé tout aussi dispa-

_____

(1) Raymond POINCARÉ, *L'Idée de patrie.* Conférence faite le 17 mars 1910 à la Ligue de l'Enseignement. Cf. le *Petit Temps* du même jour ou la *Revue politique et parlementaire.*

rate de Français, de Danois, de Polonais, de Germains et de Slaves. L'Italie, l'Espagne, la Russie ne sont pas plus homogènes. Enfin, la péninsule des Balkans, située au carrefour des routes de l'Europe et de l'Asie, et qui a subi, au cours des siècles, l'assaut de toutes les invasions, groupe en un nombre relativement restreint de royaumes et d'empires un véritable chaos de races et de nationalités.

Ainsi, d'une part, les nations ne sont pas composées d'une race unique, ni même à peu près unique ; d'autre part, des individus appartenant à une même race, Slaves ou Germains, par exemple, se trouvent répartis entre plusieurs patries.

Telle est l'objection : la réponse est facile.

Non, « la race n'existe pas en tant que principe antérieur à l'idée de patrie et lui servant de support nécessaire » (1). Pourtant, il est légitime de parler de race française, ou anglaise, ou allemande ; car ces mots correspondent, sans aucun doute, à des types nationaux parfaitement caractérisés et individualisés. Cette apparente contradiction provient de ce que toute l'argumentation des antipatriotes repose sur une évidente équivoque. Ainsi que l'a remarqué M. Raymond Poincaré (2), « le mot race n'a pas, en histoire, le même sens qu'en anthropologie. Une longue communauté d'existence, l'influence du sol et du climat, l'identité des

---

(1) Louis Legrand, *L'Idée de patrie*. Chez Hachette.
(2) Raymond Poincaré, *loc. cit.*

mœurs finissent par créer dans le genre humain des catégories distinctes, parfaitement reconnaissables... C'est ainsi que chaque nation finit par acquérir un tempérament propre, moyenne des tempéraments individuels de ceux qui la composent. »

Que nous importent, dès lors, le nombre et la variété des éléments ethniques primitifs, si, « au cours d'une longue cohabitation historique, sous l'action continue des mêmes besoins, des mêmes mobiles et des mêmes luttes » (1), ils se sont suffisamment combinés pour former un tout puissamment individualisé ! Ainsi les éléments d'une réaction chimique perdent leurs propriétés initiales et leur combinaison engendre un corps doué de caractéristiques nouvelles.

Loin de nier la multiplicité de ses origines, une patrie a donc le droit de s'en prévaloir avec orgueil ; car la race résultante est en général d'autant mieux douée qu'elle dérive d'éléments plus nombreux et plus variés. « Les plus nobles pays, a dit Renan (2), l'Angleterre, la France, l'Italie, sont ceux où le sang est le plus mêlé. »

Ainsi s'évanouit l'un des principaux arguments des antipatriotes. Nous n'envisageons pas « la race comme engendrant la patrie, mais, au contraire, comme engendrée par elle » (1). Et, ainsi définie, nous la trouvons bien réellement à la base de notre analyse.

En poursuivant notre étude, nous trouvons la

---

(1) Louis LEGRAND, *loc. cit.*
(2) RENAN, *Discours et conférences. Qu'est-ce qu'une nation ?* (Sorbonne, 11 mars 1882.)

communauté de langue parmi les conditions favorables mais non nécessaires au développement d'une patrie.

Il y a des patries multilingues comme l'Autriche, trilingues comme la Suisse, bilingues comme la Belgique. Il y a, par contre, des territoires de même langue partagés entre des patries différentes : telles les colonies émancipées de l'Angleterre ou de l'Espagne qui ont conservé la langue de leur ancienne métropole; tels encore les cantons suisses dont les habitants parlent français, italien ou allemand sans désirer cependant s'assimiler aux pays voisins.

Il y a mieux. Dans l'intérieur même d'un pays monolingue, comme la France, subsistent toujours, à côté de l'idiome national, un nombre considérable de patois souvent originaux, comme le basque et le breton, et qui constituent de véritables dialectes indépendants.

La communauté de la langue n'est donc pas indispensable à l'éclosion d'une patrie. Il est cependant certain qu'elle en favorise le développement en habituant peu à peu les hommes « à penser en commun et à sentir à l'unisson » (1).

En France, pays à ce point de vue favorisé, puisqu'il est monolingue, elle a beaucoup contribué au développement de l'idée de la patrie. « Comment voudrait-on, s'écrie M. Poincaré (1), qu'au sein d'une même patrie, l'unité de langue ne resserrât pas davantage encore, entre les esprits, les liens de parenté? C'est à la faveur de

_____

(1) Raymond POINCARÉ, *loc. cit.*

1.

cette unité que la France s'est peu à peu donné une littérature, comme on l'a dit, éminemment intellectuelle et sociale, qui est le pur reflet de son génie. Et, cette littérature, favorisée par l'unité de langue, a, elle-même à son tour, soutenu, développé, protégé la langue. » Et l'éminent conférencier ajoute : « Si nos grands orateurs, nos grands prosateurs, nos grands poètes, ont été, depuis des siècles, les meilleurs ouvriers de cette tâche patriotique, reconnaissons, Messieurs, que de nos jours c'est l'école républicaine qui l'a complétée et couronnée, c'est elle qui a chassé les vieux patois de leurs derniers refuges, et qui a fait pénétrer dans les moindres hameaux la clarté triomphante de la langue française. »

Messieurs, ayant, aujourd'hui, l'honneur de parler devant les professeurs et les élèves-maîtres d'une école normale, je n'aurais eu garde de négliger cette citation dont vous avez le droit d'être fiers.

Une certaine unité géographique, des analogies ethniques et linguistiques, voilà donc ce que nous trouvons d'abord à la base de toute patrie. Nous y rencontrons aussi, surtout à l'origine, le lien d'une religion commune. C'était là peut-être le plus essentiel des éléments moraux de la cité antique (1). La vénération même qui entourait cette cité était, d'ailleurs, une véritable religion, un véritable culte, celui des ancêtres, culte bien fait pour grouper tous les citoyens.

---

(1) Cf. Montesquieu, dans les *Considérations*. Fustel de Coulanges, *La cité antique*, etc.

Plus tard, le christianisme, en s'étendant sur le monde, fit perdre à la religion ce caractère particulier et presque municipal. A l'heure actuelle et en dehors de cas très exceptionnels (1), le sentiment religieux est depuis longtemps indépendant du patriotisme (2).

Messieurs, notre analyse a discerné jusqu'ici un certain nombre d'éléments matériels et moraux, dont aucun, vous l'avez vu, n'est indispensable à la formation ni à l'existence d'une patrie, mais dont la présence est éminemment favorable à cette formation comme à cette existence. Nous arrivons maintenant à l'élément que j'ai voulu vous présenter le dernier parce qu'il est le seul véritablement essentiel.

Une patrie est bien, à des degrés divers, un être à la fois géographique, ethnique, linguistique ou même religieux. Mais elle est, avant

---

(1) Cf. LEGRAND, *loc. cit.*

« ...Cela n'empêche pas que la religion n'ait joué et ne joue encore un grand rôle dans la conservation du patriotisme. Tel est le cas du catholicisme en Irlande et en Pologne ; tel est le cas de l'orthodoxie grecque pour les nations chrétiennes opprimées par l'islamisme. Tant que dure le joug ou la menace de l'oppresseur, le sanctuaire reste le refuge de l'esprit national. Mais quand le danger s'est éloigné, et quand arrivent la tolérance et le scepticisme, le patriotisme devient, pour ainsi dire, de plus en plus laïque, sans devenir pour cela moins fervent. »

(2) Cf. RENAN, *loc. cit.*

« Il n'y a plus de masse croyant d'une manière uniforme. Chacun croit et pratique à sa guise ce qu'il peut comme il veut. Il n'y a plus de religion d'État ; on peut être Français, Anglais, Allemand, en étant catholique, protestant, israélite, en ne pratiquant aucun culte. La religion est devenue chose individuelle ; elle regarde la conscience de chacun. La division des nations en catholiques, protestantes, n'existe plus. La religion garde toute son importance dans le for intérieur de chacun ; mais elle est sortie presque entièrement des raisons qui tracent les limites des peuples. »

tout, un être historique. L'étymologie même du mot est, à ce point de vue, significative. C'est « la chose des ancêtres à laquelle ils ont travaillé pour se survivre » (1). Ils nous ont légué leur souvenir, leurs espoirs, leur civilisation, comme un patrimoine que nous transmettrons, à notre tour, à nos descendants. Nous ne sommes pas « le produit obscur d'une génération spontanée » (1) ; nous sommes les héritiers d'une lignée glorieuse.

La patrie ainsi conçue devient véritablement une personnalité morale ; elle a un passé qui se survit et qui engage l'avenir.

Écoutez, Messieurs, un grand penseur, dont vous ne récuserez pas, j'imagine, le témoignage, écoutez Renan s'écrier avec éloquence (2) :

« Non, ce n'est pas la terre, plus que la race qui fait une nation. La terre fournit le substratum, le champ de la lutte et du travail ; l'homme fournit l'âme. L'homme est tout dans la formation de cette chose sacrée qu'on appelle un peuple ; rien de matériel n'y suffit.

« Une nation est une âme, un principe spirituel. Deux choses qui, à vrai dire, n'en font qu'une, constituent cette âme, ce principe spirituel. L'une est dans le passé, l'autre, dans le présent. L'une est la possession en commun d'un riche legs de souvenirs ; l'autre est le consentement actuel, le désir de vivre ensemble, la

---

(1) Louis LEGRAND, *loc. cit.* Cf. le vers de LAMARTINE :

« C'est la cendre des morts qui créa la patrie. »

(2) *Loc. cit.*

volonté de continuer à faire valoir l'héritage
qu'on a reçu indivis. L'homme ne s'improvise
pas. La nation, comme l'individu, est l'abou-
tissant d'un long passé d'efforts, de sacrifices
et de dévouement. Le culte des ancêtres est de
tous le plus légitime ; les ancêtres nous ont
faits ce que nous sommes. Un passé héroïque,
de grands hommes, de la gloire (j'entends de la
véritable), voilà le capital social sur lequel on
assied une idée nationale. Avoir des gloires communes dans le passé, une volonté commune
dans le présent ; avoir fait de grandes choses
ensemble, vouloir en faire encore, voilà les
conditions essentielles pour être un peuple. On
aime en proportion des sacrifices qu'on a consentis, des maux qu'on a soufferts. On aime la
maison qu'on a bâtie et qu'on transmet. Le
chant spartiate : « Nous sommes ce que vous
fûtes ; nous serons ce que vous êtes », est, dans sa
simplicité, l'hymne abrégé de toute patrie.

« Dans le passé, un héritage de gloire et de
regrets à partager, dans l'avenir, un même
programme à réaliser ; avoir souffert, joui,
espéré ensemble, voilà ce qui vaut mieux
que des douanes communes et des frontières
conformes aux idées stratégiques, voilà ce que
l'on comprend malgré les diversités de races et
de langues. Je disais tout à l'heure : « avoir
souffert ensemble » ; oui, la souffrance en
commun unit plus que la joie. En fait de souvenirs nationaux, les deuils valent mieux que
les triomphes ; car ils imposent des devoirs ;
ils commandent l'effort en commun.

« Une nation est donc une grande solidarité, constituée par le sentiment des sacrifices qu'on a faits et de ceux qu'on est disposé à faire encore (1). Elle suppose un passé ; elle se résume pourtant dans le présent par un fait tangible : le consentement, le désir clairement exprimé de continuer la vie commune. L'existence d'une nation est (pardonnez-moi cette métaphore) un plébiscite de tous les jours, comme l'existence de l'individu est une affirmation perpétuelle de vie. »

(1) L'idée de patrie comporte la notion de l'avenir aussi bien que le souvenir du passé. Cette conception se dégage déjà des symboles de l'Énéide. Dans une conférence récente (Université des Annales, 19 novembre 1912), M. Faguet en a donné un commentaire éloquent : « La patrie, a-t-il remarqué, est tout le passé et tout l'avenir, et l'on n'en a pas l'amour qu'il en faut avoir si on ne la considère pas autant dans l'immense prolongement qu'on lui suppose et qu'on lui souhaite, et qu'on veut qu'elle ait, que dans le passé si brillant qu'il soit, si noble, si généreux qu'il ait été. »

CHAPITRE III

Nous venons, Messieurs, de préciser ce qu'est une patrie. Un tel organisme répond-il aux conditions de l'existence actuelle ? Voilà la question que nous avons maintenant à résoudre. Je me propose de vous démontrer, pour y répondre, que, loin d'être l'héritage vieilli d'un passé définitivement clos, ce mode de groupement est encore aujourd'hui et sous la forme même où l'ont conçu nos ancêtres, l'une des créations à la fois les plus nobles et les plus nécessaires de l'humanité (1).

Et tout d'abord, ne l'oublions pas, « l'idée de patrie a pour elle la consécration du temps ; elle nous apparaît avec la garantie des siècles » (2). Certes, il ne suit pas de là que nous devions l'accepter sans discussion. C'est pourtant un argument à retenir que cette ancienneté même.

Si nous admettons, en effet, pour un instant, que la notion de patrie ait pu être, à l'origine, artificielle et contestable, il n'en reste pas moins

---

(1) Suivant le mot d'Auguste Comte, « la sociabilité croissante s'étend de la famille à la patrie, puis de la patrie à l'humanité, chaque forme plus large d'union modifiant la précédente *sans la détruire* ».

(2) Raymond Poincaré, *loc. cit.*

qu'elle s'est imposée pendant des siècles à l'humanité tout entière : il est donc impossible qu'elle n'y ait pas créé derrière elle toute une série de besoins, de goûts, de manières particulières de comprendre et de sentir. Et dès lors, comment une telle empreinte, toujours renouvelée et toujours plus profonde, n'aurait-elle pas fini, après des siècles, par faire intimement corps avec la nature humaine ? Comment, déjà maîtresse de notre cœur, ne s'imposerait-elle pas désormais à notre raison avec la force d'un postulat ? Et lorsque certains veulent lui refuser toute valeur actuelle, quelles raisons, — que nul ne précise, — suffiraient à justifier une éclipse si brusque après un si long éclat ? Non, cette voix « des Morts qui parlent » en nous, nous ne pouvons en méconnaître la force mystérieuse et c'est avec une émotion justifiée que nous en retrouvons l'accent dans les vers du poète :

> Malgré toi, tous les morts t'ont fait leur héritier ;
> La patrie a jeté le plus fier dans son moule,
> Et son nom fait toujours monter comme une houle
> De la poitrine aux yeux l'enthousiasme altier ! (1)

Autour de nous, d'ailleurs, l'amour de la patrie, loin de s'éteindre, se manifeste partout avec plus de vitalité que jamais. Les nationalités qui se partagent le monde ne sont pas près de disparaître.

Leur fusion immédiate dans le cadre d'une organisation élargie n'est, du reste, pas à souhaiter avant longtemps. Elle ne correspond nullement

_____

(1) SULLY-PRUD'HOMME, *Les Épreuves* (Action. La Patrie).

au degré actuel de l'évolution humaine. L'individu a encore besoin de trouver place et protection « dans un organisme harmonieux, non oppresseur, où toutes les formes de l'activité de chacun puissent se déployer librement pour la satisfaction de ses intérêts matériels et de ses besoins sentimentaux » (1). Pour se convaincre de ce besoin, il suffit de suivre les efforts des groupements incorporés de force à des nationalités étrangères, Alsaciens, Polonais, Crétois, Serbes du Sandjak ou Bulgares de Macédoine. « Ces deshérités qui veulent une patrie n'obéissent pas dans leurs aspirations à une théorie abstraite et métaphysique. Ils suivent simplement une impulsion profonde de la nature humaine. Ils se sentent privés d'un bien positif, nullement chimérique, dont leur instinct, éclairé par la vie réelle, leur révèle la vraie nature (2). »

Ainsi le maintien des nationalités actuelles est favorable au développement de l'individu et nécessaire à son bonheur ; il n'est pas moins utile aux progrès de l'humanité. Si l'émulation décuple en effet la valeur des individus, la concurrence décuple l'énergie et l'initiative des peuples, aussi bien sur le terrain économique que sur le terrain intellectuel et moral ; aussi le partage du globe en patries autonomes et fortement individualisées peut-il être justement con-

---

(1) Alfred CROIZET, *L'Idée de Patrie*. Conférence faite à l'École des hautes études sociales, le 7 novembre 1907. Cf. *Revue politique et parlementaire* de janvier 1908.

(2) Alfred CROIZET, *loc. cit.* La rédaction de ces lignes est antérieure a la guerre turco-balkanique.

sidéré comme une condition indispensable du progrès. Dans un article de la *Revue de Paris* (1), aujourd'hui oublié peut-être même par son auteur, M. Jaurès écrivait jadis ces lignes éloquentes : « Briser les nations, ce serait renverser des foyers de lumière, et ne plus laisser subsister que de vagues lueurs dispersées de nébuleuses. Ce serait supprimer aussi les centres d'action distincte et rapide pour ne plus laisser subsister que l'incohérente lenteur de l'effort universel. Ou plutôt ce serait supprimer toute liberté, car l'humanité, ne condensant plus son action en nations autonomes, demanderait l'unité à un vaste despotisme asiatique. »

Et maintenant, Messieurs, que nous savons ce qu'est la patrie et que son existence nous est apparue comme nécessaire au progrès même de l'humanité, est-il douteux que nous ayons des devoirs envers elle ?

Non, évidemment ! Car la patrie est une association que nous venons de démontrer légitime et bienfaisante. Il est donc naturel qu'elle impose à ses membres certaines obligations, destinées à faciliter son existence et à lui permettre de se perpétuer (2).

---

(1) *Revue de Paris*, 1er décembre 1898.

(2) M. Émile Boutroux a mis en lumière dans une belle page le caractère absolu des devoirs envers la patrie : « La patrie, écrit-il, c'est dans tous ses éléments, tant matériels que moraux, le patrimoine que nous ont légué nos pères et que nous devons transmettre à nos descendants. C'est le sol et ce sont les gloires et les malheurs passés, ce sont les hauts faits militaires, les conquêtes morales, sociales et politiques. Ce sont les épreuves, les douleurs, les tâches et les espérances communes. C'est la langue et les lettres, les arts, la science et la

Ces obligations sont multiples. Les unes s'imposent à tous les citoyens; d'autres, d'un ordre plus élevé, s'imposent uniquement à ceux qui, ayant sollicité des charges publiques, ont par là même accepté d'avance des responsabilités spéciales, des devoirs plus rigoureux.

Parmi l'ensemble de ces obligations, je me borne à vous énumérer très rapidement et sans chercher à être complet, la fidélité, le respect, l'obéissance aux lois, le vote, l'impôt et j'arrive tout de suite à cette variété d'impôt qui constitue le devoir militaire, et qui, seul, nous intéresse aujourd'hui.

Nous l'avons déjà défini. Pour montrer maintenant à quelle réalité répond notre définition,

---

civilisation. Ce sont les héros en qui l'âme du peuple s'est concentrée, qui ont exprimé ce qu'il y a en lui de plus pur et de plus grand, dont le génie, le dévouement, l'exemple continuent à envelopper la nation d'une influence tutélaire. Ce sont les maximes qui expriment les principes des hommes d'action, qui résument les réflexions des penseurs.

« Tout cela c'est un devoir de le conserver et de l'accroître. Pourquoi? Parce que c'est la réalisation d'une face de l'humanité, une partie déterminée de l'œuvre d'intelligence et de justice que l'espèce humaine a pour mission d'accomplir. Cet objet nous dépasse infiniment, nous, créatures d'un jour. Notre grandeur ne peut venir que de l'abnégation avec laquelle nous lui aurons consacré notre existence.

« Ainsi le devoir envers la patrie n'est pas un devoir relatif, conditionnel, lié à la volonté de quelque puissance extérieure. C'est un devoir qui s'impose à l'homme en tant qu'homme. C'est le devoir incombant à chacun, de travailler pour sa part et dans sa sphère à la réalisation d'une certaine forme de l'idéal humain. Il répond à ce qu'on appelle en philosophie un impératif catégorique. » BOUTROUX, *Revue de Paris* du 15 novembre 1898.

Un autre philosophe, M. Durkheim, a mis également en lumière la caractère obligatoire du devoir envers la patrie. (Cf. DURKHEIM, *Règles de la Méthode sociologique*. Voir aussi du même auteur : *Le Suicide. Étude de sociologie*.)

il suffit de se souvenir que la patrie peut être attaquée. Il convient évidemment de la défendre puisque sa défaite l'anéantirait ou l'amoindrirait et que son existence est, nous le savons, légitime et bienfaisante. Et voilà l'institution du devoir militaire suffisamment justifiée.

Mais doit-il rester au-dessus de tout examen et de tout contrôle? Ou bien, dans certains cas, le citoyen pourra-t-il, devra-t-il même s'y soustraire? Il nous faut ici répondre à une objection.

La patrie, disent certains pacifistes, ne doit être défendue que si sa cause est juste; en particulier, toute guerre offensive étant injuste, le devoir de tout citoyen est de s'y opposer par tous les moyens et même de refuser d'y prendre part.

Il est difficile, Messieurs, de raisonner avec un plus audacieux mépris de la réalité. N'est-il pas évident, en effet, que les contemporains, toujours mal renseignés sur les origines d'un conflit, ne peuvent jamais en apprécier en connaissance de cause la légitimité ou l'injustice. Seuls les citoyens qui ont assumé la responsabilité du pouvoir possèdent les éléments nécessaires à un jugement éclairé. La décision que leur dicte leur conscience doit donc être passivement acceptée. Au surplus, et même s'ils paraissent manquer à leur devoir, on peut encore, suivant le mot de Prévost-Paradol, « combattre sans trouble et mourir sans amertume sous le drapeau de son pays. Ce drapeau, lui-même, est d'ailleurs une raison suffisamment persuasive,

puisqu'il rappelle que la patrie doit être servie
même si elle se trompe, parce qu'elle périt si
on l'abandonne et que sa chute est un plus
grand mal que son erreur .»

La deuxième partie de l'objection pacifiste
est aussi aisée à réfuter. Il est faux d'affirmer *a
priori* que toute guerre offensive est une guerre
injuste. Ici encore les apparences sont souvent
trompeuses. L'exemple de la guerre de 1870 où
la déclaration de guerre nous fut imposée par
les menées allemandes (1) est encore présent à
toutes les mémoires et avec son habituelle péné-
tration Montesquieu avait déjà écrit, il y a plus
d'un siècle :

« La vie des États est comme celle des
hommes : ceux-ci ont droit de tuer dans le cas
de la défense naturelle ; ceux-là ont droit de
faire la guerre pour leur propre conservation.

« Dans le cas de la défense naturelle, j'ai
droit de tuer, parce que ma vie est à moi comme
la vie de celui qui m'attaque est à lui ; de même
un État fait la guerre, parce que sa conservation est juste comme toute autre conservation.

« Entre les citoyens, le droit de la défense
naturelle n'emporte pas avec lui la nécessité de
l'attaque. Au lieu d'attaquer, ils n'ont qu'à
recourir aux tribunaux. Ils ne peuvent donc
exercer le droit de cette défense que dans les cas
momentanés où l'on serait perdu si l'on attendait
le secours des lois. Mais entre les sociétés, le

---

(1) Au sujet de la falsification de la dépêche d'Ems et de la
volonté bien arrêtée des Allemands de nous acculer à la
guerre, voir les révélations de Bismarck lui-même.

droit de la défense naturelle entraîne quelquefois la nécessité d'attaquer, lorsqu'un peuple voit qu'une plus longue paix en mettrait un autre en état de le détruire, et que l'attaque est dans ce moment le seul moyen d'empêcher cette destruction (1). »

N'oublions pas, d'ailleurs, Messieurs, que la défaite et l'anéantissement d'une patrie ne sauraient avoir pour conséquence, à l'heure actuelle, la disparition de tous les groupements analogues et la fusion en un groupement unique de l'humanité tout entière enfin réconciliée. L'anéantissement d'une patrie, ce serait tout simplement l'asservissement de ses citoyens à un maître étranger, avec ses tristesses et ses humiliations.

Pour en apprécier toute l'horreur, qu'il vous suffise de jeter un regard vers l'Alsace, la Pologne ou les nationalités balkaniques, esclaves de nationalités plus fortes, et d'écouter un instant la plainte éloquente qui monte jusqu'à nous de leurs cœurs meurtris !

Mais quel malheur plus grand encore si la patrie ainsi sacrifiée était une patrie glorieuse, une de celles dont l'existence est une source de progrès pour l'esprit humain. Quel irréparable malheur pour l'humanité tout entière serait, par exemple, la disparition d'un pays comme la France ! A ce titre la nécessité du devoir militaire ne doit-elle pas apparaître doublement impérieuse à tout Français !

---

(1) *Esprit des lois*, liv. X, chap. II. Montesquieu n'avait pas prévu l'institution de tribunaux d'arbitrage dont nous parlerons dans le chapitre suivant.

Un pacifiste, M. Naquet, a osé écrire : « Le sacrifice d'un peuple voué en holocauste au progrès humain me remplit d'admiration. Je voudrais voir la France désarmer sans s'occuper de ce que font les autres. Il se pourrait qu'elle succombât sous quelque agression monstrueuse ; mais même alors elle ne périrait pas tout entière. »

Messieurs, pour mesurer toute la gravité de ce sacrilège, représentez-vous les suites de la catastrophe si délibérément acceptée. N'oubliez pas que l'histoire de France se confond avec l'histoire même de la civilisation ; que, suivant une forte expression, la France est « un foyer à la flamme duquel le monde entier s'éclaire, s'égaie et se réchauffe » (1). C'est un étranger qui a dit : « Tout homme a deux patries, la sienne d'abord, la France ensuite. » N'oubliez pas « qu'il a été donné à notre pays, avec quelques faiblesses et à travers bien des égarements, de personnifier pourtant un idéal incomparable de logique dans la pensée et de clarté dans l'expression, un idéal de droiture et de bonne humeur, d'esprit et d'élégance, de goût et de mesure, de bon sens et de chevalerie, d'humanité et de justice, et d'en être le gardien, le soldat, non pour elle seule, mais pour l'univers tout entier » (1).

Rappelez-vous le mot célèbre de Victor Hugo : « La France est le moteur du progrès, l'organisme de la civilisation, le pilier de l'ensemble humain. Lorsqu'elle fléchit, tout s'écroule ! »

_____

(1) Louis LEGRAND, loc. cit.

Rappelez-vous encore la phrase d'un étranger, Stuart Mill : « Si jamais la France venait à manquer au monde, le monde retomberait dans les ténèbres ! »

Et si vous trouvez ces citations trop anciennes, M. Roosevelt ne disait-il pas récemment : « Dans la bouillonnante tourmente qu'offre l'histoire de l'humanité, quelques nations brillent par la possession d'une certaine force ou d'un certain charme, de quelque don spécial de beauté, sagesse ou puissance qui les place au rang des immortels et leur donne place à jamais parmi les guides du genre humain. La France est une de ces nations. Le monde entier souffrirait de sa perte (1). »

L'opinion de ces penseurs vaut bien, j'imagine, celle de M. Naquet.

Et pour mieux mesurer encore la force et la grandeur de l'idée française dans le monde, pour apprécier tout ce qu'elle y représente, écoutez encore cette admirable page de Michelet (2) :

« Si l'on voulait entasser ce que chaque nation a dépensé de sang et d'or et d'efforts de toute sorte pour les choses désintéressées qui ne devaient profiter qu'au monde, la pyramide de la France irait montant jusqu'au ciel... Et la vôtre, ô nations, toutes tant que vous êtes, ici, ah ! la vôtre, l'entassement de vos sacrifices, irait au genou d'un enfant.

(1) ROOSEVELT, *Le Citoyen d'une République*. Discours prononcé à la Sorbonne, le 23 avril 1910.
(2) MICHELET, *Le Peuple*, p. 71.

« Ne venez donc pas me dire : « Comme elle
est pâle cette France !... » elle a versé son sang
pour vous...— « Qu'elle est pauvre ! » Pour votre
cause elle a donné sans compter... Et, n'ayant
plus rien, elle a dit : « Je n'ai ni or, ni argent,
mais ce que j'ai, je vous le donne. » Alors elle
a donné son âme, et c'est de quoi vous vivez ! »

———

CHAPITRE IV

L'utopie pacifiste. — L'arbitrage et ses limites. — La guerre possible.

Oui, me direz-vous, notre patrie est glorieuse, et nous sommes fiers de sa grandeur. Mais que nous parlez-vous de la défendre? Qui donc l'attaque? La guerre n'est plus désormais qu'un spectre vain. Nul gouvernement n'oserait la déchaîner; en tout cas, nul peuple ne consentirait à la faire.

On parlait déjà ainsi, Messieurs, vers la fin du second Empire (1). Les théories pacifistes étaient alors à la mode. « Il est donné, écrivait un soldat en novembre 1870, il est donné à notre époque de voir un phénomène étrange : l'abus de la civilisation affaiblir le patriotisme et devenir pour la France une cause de ruine (2). » Ces théories, qui avaient ainsi effleuré jusqu'à l'armée elle-même, avaient profondément péné-

_____

(1) Cf. ANDRILLON, *L'Expansion de l'Allemagne et la France.* Cet ouvrage très documenté abonde en renseignements du plus haut intérêt sur les tendances de l'Allemagne actuelle. Nous lui ferons de fréquents emprunts.

(2) Marc BONNEFOY, *Causes des désastres militaires de la France en 1870.* Cf. l'étude de son fils Lucien BONNEFOY : *Une Vie de Français et de poète,* p. 89. Voir aussi une appréciation analogue dans les premières pages des *Feuilles de route* de DÉROULÈDE.

tré la nation. Les vers célèbres de Sully-Prud'-
homme (1) :

> J'aimais froidement ma patrie
> Au temps de la sécurité.
>
> . . . .
>
> Je m'écriais avec Schiller :
> Je suis un citoyen du monde ;
> En tous lieux où la vie abonde,
> Le sol m'est doux, et l'homme cher !

témoignent de cet état d'esprit.

Au Corps législatif, les propositions de désarmement alternaient avec les appels à la fraternité universelle. L'élite intellectuelle française,
les Renan, les Taine, les Girardin, les Jules Simon, les Garnier-Pagès, d'autres encore, procla-
maient l'impossibilité définitive de tout conflit,
s'opposaient de toutes leurs forces aux réformes
militaires réclamées par le maréchal Niel et se
répandaient, à la veille même de la guerre, en
protestations humanitaires, énervantes et sté-
riles. Jules Favre s'écriait, quelques semaines
avant Sedan : « Les Allemands n'ont aucune en-
vie de nous attaquer » ; et le 30 juin 1870, Garnier-Pagès affirmait au Corps législatif que la
Prusse et les États allemands étaient sur le point
de procéder à un désarmement général !

La leçon des faits est, parfois, d'une effrayante
ironie. Parmi les pacifistes les plus convaincus,
les plus généreux et les plus aveugles, hélas ! de
cette période, nous retrouvons la plupart de
ceux qui, peu de mois après, réveillés enfin de
leurs illusions, devaient organiser la défense

---

(1) SULLY-PRUD'HOMME, *Impressions de la guerre. Repentir.*

suprême ou s'y associer avec le plus d'énergie :
Gambetta qui, après avoir demandé dans son
discours de Belleville la suppression des armées
permanentes, allait, un an plus tard, réchauffer
à force d'éloquence le courage des Français
et « élever leur âme à la hauteur des malheurs
qui fondaient sur la patrie » ; Jules Simon et
Jules Favre, futurs ministres de la Défense nationale ; Paul Déroulède (1), poète ardent des
« Chants du soldat », et lui-même soldat magni-
fique ; Jules Ferry, enfin, qui devait s'écrier
plus tard (2) : « Il faut restituer aux vertus militaires le rang qu'elle doivent occuper dans l'ordre
des vertus civiques, c'est-à-dire le premier » ;
Jules Ferry, dont les dernières années n'ont cessé
d'appeler la revanche, et qui, au seuil de la
mort, demandait à « reposer en face de cette
ligne bleue des Vosges d'où montait jusqu'à son
cœur fidèle la plainte touchante des vaincus » (3).

Cette chimère pacifiste, n'en soyons pas une
fois de plus les victimes !

La guerre ! Il n'y en eut jamais autant que
depuis qu'on parle à nouveau de pacifisme et de
médiations.

---

(1) Cf. Déroulède, *Feuilles de route.*
(2) Jules Ferry. Discours de Bordeaux, 30 août 1885.
(3) Inscription composée par Jules Ferry et gravée selon son
désir sur la pyramide de granit de son tombeau dans le cime-
tière de Saint-Dié :

> Je désire reposer dans la même tombe
> Que mon père et ma sœur,
> En face de cette ligne bleue des Vosges
> D'où monte jusqu'à mon cœur fidèle
> La plainte touchante des vaincus.

« En cinquante ans, remarque M. Pierre Baudin, dix grandes guerres : guerre de Crimée, guerre de l'unité italienne, expédition de Chine, guerre austro-allemande, guerre russo-turque, guerre sino-japonaise, guerre gréco-turque, guerre hispano-américaine, guerre du Transvaal, guerre russo-japonaise (1). Tel est le bilan des temps vécus par les générations actuelles. Nombreuses sont les fresques sanglantes qui illustrent l'histoire de ce demi-siècle. Encore, pour que cette représentation soit complète, faut-il imager les intervalles consentis à la paix avec les expéditions où le partage du monde entre les grandes nations avides a entraîné leurs armées. En réalité le monde ne cesse guère de retentir du bruit du canon. »

Voilà pour le passé. L'avenir est-il plus riant ? Ne le croyez pas. L'adage pessimiste du philosophe : « *Homo homini lupus* » n'a point vieilli. Seuls, « de faibles cœurs ou de grands artistes, épris de verbalisme sonore, peuvent se décevoir eux-mêmes (2) » et, transportant d'un coup d'aile dans un avenir prochain le rêve d'une imagination généreuse, s'écrier avec M. Jaurès : « Un jour viendra où les frontières seront moins abruptes, où la vie de toutes les nations sera pénétrée de vie internationale, et où les groupes humains qui furent, durant des siècles, disputés entre des nations rivales, trouveront dans les cadres moins rigides des nationalités moins

---

(1) Ajoutons-y la guerre italo-turque et la guerre turco-balkanique.
(2) G. CLEMENCEAU.

exclusives le libre jeu de leurs affinités et de leurs sympathies ».

La réalité est, malheureusement, plus brutale : nous n'apercevons partout entre individus et entre peuples que lutte pour la vie et concurrences exaspérées. Ambitions territoriales, besoins économiques, problèmes de la natalité et de la surproduction, rivalités de toute espèce suscitent de toutes parts de graves conflits. Les peuples nouveau-venus, les États-Unis, le Japon, la Chine, ont déjà leur impérialisme comme les plus vieux États. L'Alsace-Lorraine continue à faire peser un malaise sur l'Europe de demain. Le pangermanisme n'a pas oublié que la guerre fut, de tous temps, « l'industrie nationale de la Prusse » (1). La rivalité anglo-allemande gronde toujours. De son côté le panslavisme est aussi vivace que jamais. Que nous réserve l'imbroglio balkanique (2)? Par delà les mers, le péril jaune, dont on a si souvent évoqué le spectre, n'est-il pas sur le point de se dresser à l'horizon ? Verrons-nous par lui se nouer enfin dans une idée de défense et par conséquent de combat cette République des États-Unis de l'Europe que le pacifisme a conçue, mais qu'il ne peut réaliser ?

Autant de menaces qui grèvent l'avenir. Et comme si ce n'était encore assez, nous voyons,

_____

(1) Sur cette question si grave des relations franco-allemandes et sur le culte de la force et de la guerre en Allemagne, culte commun au Gouvernement, à l'élite et à la foule, cf. ANDRILLON, loc. cit.

(2) Ces lignes étaient écrites avant la naissance des conflits turco-balkanique et bulgaro-balkanique.

à l'intérieur même de chaque nation, s'aggraver de jour en jour le malentendu qui sépare les classes ; entre le capital et le travail, la lutte devient plus âpre et les conflits actuels, relativement bénins, nous acheminent graduellement vers l'horreur des guerres civiles. Nous ne verrons pas de sitôt, croyez-le bien, le triomphe de la fraternité universelle ! (1)

Oh ! je sais bien que vous allez, ici, me parler d'arbitrage et de médiations !

Il existe, en effet, une Haute-Cour internationale. Et je ne nierai certes pas qu'elle ait, déjà, dans sa courte existence, rendu de grands services à la cause de la paix ; je ne contesterai ni la compétence, ni même l'impartialité de ses membres ; je reconnaîtrai par suite de très bonne foi l'autorité de ses jugements. Mais je me défie de leur portée pratique, et je crains qu'ils n'apaisent jamais que des conflits minimes n'intéressant ni l'honneur, ni la vie d'aucun peuple. A l'intérieur même de chaque pays, l'arbitrage, puissamment armé, des tribunaux ou des assemblées élues, n'empêche pas toujours individus et groupements de recourir à la force. Ainsi naissent les vengeances individuelles, les

---

(1) « Il se peut qu'un jour, dit M. Roosevelt, dans l'obscur avenir de la race, la nécessité de la guerre s'évanouisse ; mais ce jour est encore à la distance des âges. Jusqu'à présent, on ne peut faire aucune œuvre réellement digne d'être faite, si on ne se tient prêt à sauvegarder ses droits à main armée. Cette liberté ordonnée, qui est à la fois le fondement et la pierre angulaire de notre civilisation, ne peut être acquise et conservée que par des hommes qui sont disposés à se battre pour un idéal, qui portent haut l'amour de l'honneur, l'amour de la loi, l'amour du drapeau et l'amour du pays. »

révoltes, les révolutions, les grèves, les mille
conflits économiques et sociaux de chaque jour.
Devant cette faillite relative de l'arbitrage national, quelle valeur attribuer à l'arbitrage interna-
tional ? Tribunal sans gendarmes, comment la
Haute Cour de la Haye obtiendrait-elle des deux
parties le respect de ses décisions ?

Une entente générale pourrait, il est vrai,
mettre à la disposition des arbitres une armée
capable d'imposer à tous l'obéissance. Mais ne
voyez-vous pas qu'une telle solution amènerait
inévitablement la résurrection de la guerre sous
une forme à peine modifiée ? Et sommes-nous
bien sûrs, d'autre part, que cette nouvelle « guerre
sacrée » ne susciterait pas tôt ou tard un nouveau Philippe de Macédoine plus formidablement
armé que l'ancien et d'autant plus redoutable.

Croyez-le bien : le jour où la cour internationale se trouvera en présence d'une de ces con-
testations graves qui intéressent véritablement
la vie d'un peuple, il est peu probable que son
jugement soit accepté. Et qui donc, je vous prie,
pourrait empêcher la partie condamnée par ce
tribunal suprême de recourir au sort des armes,
si elle estime l'enjeu suffisant !

Il est possible, à la rigueur, allez-vous me
dire, qu'un gouvernement déchaîne une guerre.
Mais, dans l'état actuel des esprits, aucun peuple
n'obéirait à l'ordre de mobilisation. Messieurs,
cette idée a, en effet, cours en France dans certains milieux et malgré l'exemple de guerres
toutes récentes. Il me suffira, je l'espère, afin de
dissiper en vous cette suprême illusion, de vous

citer à ce sujet quelques opinions étrangères. Je les choisirai exclusivement, et cela à dessein, dans des discours ou des écrits de socialistes allemands. Il vous sera ainsi possible de mesurer toute la distance qui sépare la social-démocratie de l'internationalisme ou du pacifisme.

Voici, d'abord, un extrait d'une revue socialiste allemande (1) : « Il faut que l'Allemagne soit armée jusqu'aux dents, qu'elle possède une flotte puissante. C'est là un point de la dernière importance pour tous les travailleurs. Qui fait tort à nos exportations leur fait tort aussi à eux, et les travailleurs ont un intérêt des plus puissants à ce que la prospérité de notre commerce d'exportation soit assurée, même par la force des armes. Ce commerce a pris un tel développement que l'Allemagne peut être appelée à le défendre l'épée à la main.

« Celui-là seulement qui est sous la protection de ses canons peut dominer le marché du monde, et, dans la lutte pour les marchés du monde, les travailleurs allemands peuvent se trouver dans l'alternative de mourir de faim ou de conquérir leur place l'épée à la main. »

Laissons maintenant la parole à Bebel, le patriarche du parti : « Nous voulons, dit-il, faire de notre patrie un pays qui n'ait pas son pareil au monde, et, le cas échéant, nous voulons le défendre et si nous le défendons contre le capitalisme, nous voulons le défendre aussi contre les ennemis du dehors. » Et Bebel est plus éner-

---

(1) *Revue mensuelle socialiste allemande*, décembre 1889.

gique encore dans le passage suivant : « Si jamais on attaquait l'Allemagne (1), si son existence était en jeu, alors je puis en donner ma parole, tous, du plus jeune au plus vieux, nous serions prêts à mettre le fusil sur l'épaule et à marcher sus à l'ennemi. Cette terre est aussi notre patrie. Nous nous défendrions jusqu'à notre dernier souffle, je vous en fais le serment. »

C'est encore un député socialiste, M. Noske, qui écrit : « J'ai déclaré qu'en cas de danger pour la patrie, les socialistes ne resteraient pas en arrière des partis bourgeois en ce qui concerne l'amour de la patrie, et que chaque socialiste mettrait le fusil sur l'épaule. »

Et laissez-moi vous lire encore, pour finir, la déclaration si nette d'un autre socialiste, le député Wolfgang Heine : « Nous travaillerons au maintien de la paix. Cependant, si nous ne pouvions empêcher la déclaration de guerre, le peuple, menacé dans ses frontières, dans sa propriété, dans sa sécurité et sa liberté, ne permettrait jamais que nous nous égarions dans des considérations et des discussions pour savoir qui a tort ou qui a raison. Dans ces conditions, ce serait une folie délirante que de vouloir organiser une grève militaire. »

---

(1) On verra plus loin l'opinion de la *Social-démocratie* allemande sur la légitimité ou la non-légitimité des guerres offensives ou défensives.

Il est intéressant de suivre sur le même sujet les débats du récent congrès de Chemnitz (1912). Il faut en retenir en particulier la réponse des socialistes allemands à la question posée par M. Marcel Cachin, délégué français, au sujet de leur attitude en présence d'une mobilisation.

Vous le voyez, Messieurs, la dernière objection de la théorie pacifiste s'écroule à son tour. Suivant le mot résigné de M. Lavisse, « la guerre n'est pas probable, mais elle est possible » ; et la pensée de Prévost-Paradol, formulée il y a plus de cinquante ans, n'a point vieilli : « Il suffit, écrivait-il, de jeter les yeux sur la situation présente du monde, aussi bien du Nouveau Continent que de l'Ancien et de nous rappeler les changements que la force y a opérés pendant ces dernières années pour reconnaître que la guerre n'a rien perdu de son empire sur les affaires humaines et qu'elle demeure, aujourd'hui comme hier, la dernière raison des États (1). »

Résignons-nous donc à cet état de choses. Acceptons-le comme une loi inévitable. Et puisque les innombrables désaccords qui séparent et sépareront éternellement les nations n'admettront, d'ici bien longtemps, que cette solution brutale, « gardons-nous de trop l'avilir dans l'opinion des hommes... (1) », car « il ne faut point, par des déclamations vaines et par des comparaisons injurieuses, rendre les peuples incapables d'en supporter les maux et d'en comprendre la triste grandeur (2) ».

---

(1) Prévost-Paradol, *La France nouvelle.*

(2) Il serait, d'ailleurs, injuste de mépriser la guerre et les vertus guerrières : « Aucun triomphe de paix, dit Roosevelt, n'est tout à fait aussi grand que les suprêmes triomphes de la guerre, et le courage du soldat se dresse plus haut, suivant lui, que n'importe quelle qualité évoquée seulement en temps de paix ». Nous reviendrons sur cette question dans le chapitre suivant.

CHAPITRE V

La guerre utile (1).

Au surplus, la guerre qui, depuis la plainte d'Horace, a coûté des larmes à tant de mères, la guerre qu'ont stigmatisée tant de poètes, tant de doux rêveurs, serait-il vraiment désirable d'en voir s'évanouir à jamais le spectre ?

Il n'en est rien ! Seuls les peuples faibles la redoutent. « La guerre est un virus, mais elle agit comme un tonique puissant. Elle a sacrifié des individus, mais elle a fortifié l'espèce. » C'est en se plaçant au même point de vue que Moltke y voyait — on le lui a reproché (2) — un moyen d'empêcher les peuples de tomber dans « le plus hideux matérialisme ».

Cette théorie est, du reste, particulièrement en honneur dans les milieux militaires d'Outre-Rhin; et par eux, elle s'est imposée à l'opinion publique allemande tout entière. Von der Goltz, Tanera, von Bernhardi l'ont tour à tour développée.

« Vous prétendez, dit Tanera, que la guerre rend les hommes barbares et étouffe leurs meil-

---

(1) Les idées contenues dans ce chapitre peuvent paraître hardies. Il a, par suite, été jugé nécessaire d'en appuyer le développement par d'abondantes citations.

(2) Cf. G. DE MAUPASSANT, *Sur l'eau*.

leures qualités. Non, mille fois non, ce n'est pas vrai, et j'ai assez l'expérience de la guerre pour vous contredire. Oui, l'écorce devient rude, mais la guerre élève les hommes et les rend forts, braves et nobles ; là naissent et grandissent les vertus qui ont déjà fait la grandeur de nos aïeux : la discipline, le courage devant la mort, l'esprit de sacrifice et la maîtrise de soi. Là prennent racine les qualités qui font la force des peuples. Lisez l'histoire de la chute de l'Empire romain, étudiez les longues périodes de paix et leurs suites, et vous n'oserez plus nous parler de la paix éternelle, de la fraternité internationale, des tribunaux d'arbitrage. Vous voulez être de doux anges et vous deviendrez seulement des viveurs paresseux, poltrons et sans caractère. Non, la guerre doit être ; c'est seulement dans la guerre que l'homme montre ce qu'il vaut (1). »

Aussi affirmatif est le général von Bernhardi : « Le rêve de la paix universelle, écrit-il, n'a jamais pu prendre naissance qu'aux époques sans idéal, de décadence et de relâchement. Le développement pacifique est assurément un phénomène naturel, c'est une source abondante de profits. Mais, dès le temps de paix, la lutte pour l'existence et pour la mise en valeur des biens de tout genre entraîne de grands chocs d'intérêts et des tensions violentes qui ne se résolvent que par la guerre, ainsi que le montre l'histoire et comme on peut l'affirmer, étant donnée la nature

---

(1) Von Tanera, *Souvenirs d'un officier d'ordonnance en 1870-71.* Cité dans les *Lectures allemandes de Mathis*, traduction Andrillon.

humaine. Une période de paix et de prospérité matérielle permet aux germes empoisonnés de pourriture et de désagrégation de se développer de toutes parts si l'on n'arrive pas, de temps en temps, à élever les nations vers un idéal politique, si on ne les amène pas à engager leurs forces et leurs biens pour atteindre un idéal déterminé (1). »

Et pour échapper au reproche de faire parler devant vous uniquement des soldats, dans une question où leur jugement peut sembler partial, je rapprocherai des citations précédentes les idées bien connues de Nietzsche, lequel « n'aimait la paix que comme un moyen de guerres nouvelles et la courte paix mieux que la longue » et dont toute l'œuvre est un plaidoyer ininterrompu en faveur de la force, une négation impitoyable du droit du faible, de la pitié et même de la justice. L'idéalisme n'a-t-il pas, d'ailleurs, conduit Hégel à reconnaître lui aussi dans la victoire et dans la force la preuve d'un droit supérieur? Ces théories brutales, qui ne sont pas éloignées des conceptions du Moyen Age sur le jugement de Dieu, choquent à la fois nos sentiments et notre raison. Mais il ne faut pas oublier, pour en mesurer l'importance, que, loin de rester l'objet des spéculations d'une élite amie des paradoxes, elles ont eu, en raison du prestige de leurs auteurs, l'influence la plus certaine sur la formation de l'âme germanique

_____

(1) Cité par ANDRILLON, *L'Expansion de l'Allemagne et la France.*

contemporaine. Comment s'étonner, dès lors, de
les rencontrer aussi sous la plume de l'historien
von Treitschke et d'en retrouver l'expression dé-
pourvue de toute nuance dans cette formule aussi
absolue qu'audacieuse de Mommsen : La guerre
est la grande machine qui élabore le progrès ! (1)

De ce côté des Vosges les mêmes idées ont été
soutenues, mais avec plus de mesure. Plusieurs
philosophes ont senti et proclamé l'utilité et
même la nécessité de la guerre. Mais tout en
reconnaissant la valeur et l'importance de l'effort
moral qu'elle impose, tout en y voyant un élément certain de progrès et de perfectionnement
pour l'humanité, ils n'ont pas été jusqu'à pré-
tendre qu'elle fût la cause principale et presque
exclusive du progrès !

C'est en contenant sa pensée dans ces limites
qu'Armand Carrel a écrit :

« Ceux qui ont rêvé de paix perpétuelle ne
connaissent ni l'homme ni sa destinée ici-bas.

« L'univers est une vaste action : l'homme est
né pour agir ; qu'il soit ou ne soit pas destiné au
bonheur, il est certain, du moins, que la vie ne
lui est jamais plus supportable que lorsqu'il agit
fortement ; alors, il s'oublie, il est entraîné et
cesse de se servir de son esprit pour douter,
blasphémer, se corrompre et mal faire.

« Une société en paix perpétuelle tomberait
en pourriture.....

« Il faut sans doute qu'une guerre soit juste,
mais, appuyée sur la justice, succédant à de

---

(1) ANDRILLON, loc. cit.

longs intervalles de paix, elle retrempe les mœurs et le caractère des nations (1). »

Excusez-moi, Messieurs, de heurter, peut-être, vos sentiments. Mais je voudrais vous convaincre de cette incontestable valeur morale de la guerre. N'oubliez pas que « l'idée toujours présente de la mort communique une grande dignité aux luttes humaines (2). » En tendant jusqu'à leur extrême limite les facultés de chacun, elle les exalte et fait éclore toute une moisson de vertu. Ce n'est pas un soldat, c'est Renan lui-même, qui nous dit encore (3) : « Si la sottise, la négligence, la paresse, l'imprévoyance des États n'avaient pour conséquence de les faire battre, il est difficile de dire à quel degré d'abaissement pourrait descendre l'espèce humaine. La guerre est de la sorte une des conditions du progrès, le coup de fouet qui empêche un pays de s'endormir, en forçant la médiocrité satisfaite d'elle-même à sortir de son apathie. L'homme n'est soutenu que par l'effort et la lutte...

« Quand une population a fait produire à son fonds tout ce qu'il peut produire, elle s'amollirait si la terreur de son voisin ne la réveillait, car le but de l'humanité n'est pas de jouir ; acquérir et créer est une œuvre de force et de jeunesse ; jouir est de la décrépitude.

« La crainte de la conquête est ainsi, dans les

---

(1) Ruskin a éloquemment soutenu la même thèse. Cf. Ruskin, *La Couronne d'olivier sauvage.*

(2) Prévost-Paradol, *loc. cit.*

(3) Renan, *Réforme intellectuelle et morale de la France.*

choses humaines, un aiguillon nécessaire. Le jour
où l'humanité deviendrait un grand empire
romain pacifié et n'ayant plus d'ennemis exté-
rieurs, serait le jour où la moralité et l'intelligence courraient les plus grands dangers. »

La pensée de Renan associe, vous le voyez,
dans une destinée commune, l'intelligence et la
moralité humaines. C'est qu'en effet la guerre,
dont je viens de vous montrer l'importance
morale, n'est pas non plus inutile dans le domaine intellectuel. « La France, disait récemment
M. Roosevelt (1), a enseigné bien des leçons aux
autres peuples ; sûrement l'une des plus importantes est celle qui résulte de toute son histoire,
savoir qu'un haut développement artistique et
littéraire est compatible avec une remarquable
maîtrise dans la science des armes et celle du
gouvernement. L'éclat de la bravoure du soldat
français est proverbial depuis des siècles et
pendant ces mêmes siècles, dans toutes les cours
d'Europe, les « francs maçons de la mode » se
sont donné le français pour langue commune ;
pendant que tout artiste et homme de lettres et
tout homme de science capable d'apprécier ce
merveilleux instrument de précision qu'est la
prose française, se tournait vers la France, lui
demandant appui et inspiration. »

A l'autre bout du monde un autre exemple et
une autre leçon s'offrent à nous. Isolée depuis
des siècles, la Chine a vécu jusqu'à ces dernières
années à l'abri de toute concurrence. Elle a joui

_____

(1) ROOSEVELT, *loc. cit.*

de la paix chinoise comme le monde antique,
d'ailleurs déjà en décadence, avait joui de
la « paix romaine ». Ce pays, admirablement
doué mais dédaigneux de tout souci militaire,
protégé par son énormité même et par son isolement, s'est volontairement confiné et spécialisé
dans les arts de la paix. Or, malgré la longue
période pendant laquelle, ayant ainsi réalisé pour
sa part le rêve pacifiste, il a pu se perfectionner
sans trouble et sans secousse, il nous apparaît
aujourd'hui tel qu'il y a vingt siècles ! Le réveil
vient, il est vrai, de commencer. La Chine — et
c'est là pour nous une menace sérieuse — la Chine
réclamera bientôt sa place dans le monde. Mais
quel argument fournit à ma thèse le spectacle
que je viens d'évoquer de sa longue léthargie !

N'est-ce pas d'ailleurs une étrange et mystérieuse loi de l'histoire que les siècles où la civilisation humaine s'est surpassée elle-même ; celui
de Périclès comme celui de Louis XIV, la Renais-
sance italienne comme le dix-neuvième siècle,
aient toujours immédiatement succédé aux con-
vulsions les plus violentes, aux époques les plus
troublées? Au lendemain de chaque guerre et
comme si la nature voulait, par son sourire, en
effacer jusqu'au souvenir, les fleurs se multi-
plient, dit-on, sur le théâtre des luttes récentes
et la légende veut qu'elles y brillent d'un plus
vif éclat. Messieurs, la civilisation et le progrès
sont les fleurs éclatantes des champs de l'humanité. Mais seule notre illusion leur prête des
couleurs pacifiques : elles ne sont vivaces que
sur les sols fécondés par le sang des héros !

CHAPITRE VI

Je crois, Messieurs, vous avoir suffisamment convaincus, par les développements qui précèdent, de la possibilité toujours menaçante d'un conflit. J'ai cherché à vous prouver en même temps que tout citoyen avait, quelles que fussent l'origine et les causes d'une guerre, le devoir absolu de défendre sa patrie. Je vous ai donc démontré la réalité du devoir militaire tel que je l'avais défini tout d'abord, et je pense avoir également établi le caractère d'obligation absolue qui le caractérise. Il ne me reste plus qu'à en étudier les modalités.

Elles ont varié, au cours de l'histoire. Le monde antique voyait un soldat dans chaque citoyen ; et certaines cités, Sparte, par exemple, spécialisées dans la guerre, n'étaient plus, à vrai dire, que d'immenses casernes.

Ensuite vint la confusion des âges féodaux. Plus près de nous, à partir du seizième siècle et jusqu'à la Révolution française, des armées de métier, semi-permanentes et en partie mercenaires, suffirent aux besoins de l'Europe. En dehors de la noblesse, vouée aux armes, le devoir militaire resta longtemps une charge

dont le citoyen ne s'acquittait pas personnellement.

Le temps des armées de métier est à jamais
passé ! Ne soyons pas ingrats à leur mémoire.
Elles ont payé de leur sang la gloire de la
France. Elles ont su porter au plus haut point
toutes les vertus professionnelles, l'endurance,
l'élan, le mépris du danger. C'est un héritage
précieux que le souvenir de leur vaillance, et ce
culte si délicat de l'honneur, cette « pudeur
virile » qui fut un des grands ressorts de leur
action et dont Vigny (1) a si magnifiquement
chanté la grandeur.

Mais, après avoir ainsi rendu à la solidité pro-
verbiale de nos vieilles troupes l'hommage de
reconnaissance qui leur était dû, il nous faut
bien reconnaître leur impuissance à fournir aux
conflits modernes les énormes effectifs qu'ils
exigent. Leur règne est donc définitivement
clos. Celui des armées nationales a déjà com-
mencé ; et la nécessité du devoir militaire personnel nous est ainsi démontrée du même coup
par le simple examen des faits.

Je me hâte d'ajouter qu'il n'est point d'impôt
plus honorable ni plus moral.

« Il n'est pas bon, disait Renan, que celui qui
possède soit incapable de défendre ce qu'il possède.

« Un état comme celui qu'avait rêvé la bour-
geoisie française, état où celui qui possédait et
jouissait ne tenait pas réellement l'épée (2) pour

---

(1) Alfred DE VIGNY, *Servitude et Grandeur militaires.*
(2) Remplacement et exonération.

défendre ce qu'il possédait constituait un véritable porte-à-faux d'architecture sociale. »

Messieurs, j'espère vous avoir donné, ou plutôt avoir confirmé en vous une idée de la patrie
assez élevée pour que vous considériez le soin
de sa défense comme un devoir enviable. Nous
avons, d'ailleurs, proclamé depuis longtemps
l'égalité absolue de tous les citoyens ; or l'égalité
des droits entraîne évidemment celle des devoirs ;
et ce principe ne saurait trouver d'application
plus haute et plus noble que devant l'impôt du
sang et devant la mort.

Ainsi le devoir militaire ne peut être de nos
jours qu'une obligation rigoureusement personnelle. Mais se borne-t-il au sacrifice éventuel
de notre vie ? Non, certes. Un tel sacrifice
pourrait en effet demeurer stérile : il ne suffit
pas d'être prêt à mourir pour sa patrie ; il ne
suffit pas de vouloir vaincre ; il faut savoir, et,
par conséquent, apprendre.

Ici, deux solutions se présentent à nous. La
première est adoptée actuellement par la totalité
des grandes puissances européennes. Elle con-
siste à maintenir tous les citoyens sous les drapeaux pendant le temps jugé nécessaire et
suffisant à leur instruction et à leur éducation
militaires (1). Des périodes d'appel ultérieures
permettent d'entretenir à un point convenable
chez les réservistes et les territoriaux les
connaissances ainsi acquises. Si une guerre

_____

(1) Généralement deux ou trois ans, suivant les pays.

éclate, l'armée active, aussitôt renforcée par des hommes et des unités de complément solidement encadrés, constitue le noyau de l'armée mobilisée. Ce système est le système de « la paix armée ». Il est loin d'être sans défauts.

Il en présente tout d'abord au point de vue militaire même, car les armées ainsi composées peuvent manquer à la fois d'homogénéité dans leur organisation, de cohésion dans leur esprit, enfin d'entraînement physique et moral. Cet inconvénient est inévitable, mais il est, en somme, secondaire, car il pèse également sur toutes les armées européennes et n'est, par suite, une cause d'infériorité pour aucune d'elles vis-à-vis de ses voisines.

Le défaut capital est d'un ordre tout différent. Sans doute la satisfaction des besoins des troupes, l'achat et l'entretien du matériel de guerre nécessaire à un grand pays créent des débouchés utiles à son industrie et à son commerce (1). Mais il n'y a là qu'une compensation indirecte et relativement médiocre, et, en réalité, le système de la paix armée fait en ce moment fléchir les budgets européens sous le poids des milliards qu'il engloutit. « La guerre, dit M. Jau-

---

(1) M. Chéradame, dans l'*Énergie française*, fait remarquer que les quatre-vingts centièmes du budget de la Guerre de la France reviennent au peuple sous forme d'achat de chevaux, de vivres, d'armes, de munitions ou de matériel. Un fusil Lebel coûte un peu moins de 60 francs à l'État et sa fabrication n'emploie guère que 5 francs de matières premières. La différence représente la somme des salaires des ouvriers y ayant travaillé. Comme on le voit, sur cette somme de 60 francs, un douzième à peine est en quelque sorte immobilisé.

rès, est comme un oiseau sinistre que l'on tient en cage, et qui, peut-être, ne déploiera jamais ses ailes de pourpre ; mais on s'épuise à le nourrir (1). »

C'est pour diminuer l'importance de ces sacrifices, dont il conteste d'ailleurs l'efficacité, que, oubliant la différence qui sépare un grand pays d'une petite nation protégée par sa neutralité même et réduite en tout cas à une tactique exclusivement défensive, M. Jaurès préconise une imitation de l'armée suisse, et veut « aboutir à l'organisation populaire des milices, à l'organisation populaire de l'armée, à un système qui, au lieu d'immobiliser les hommes pendant deux ans dans un stérile rabâchage de manœuvres toujours les mêmes, au lieu de les immobiliser pendant deux ans, ne les retiendrait que deux, trois, quatre ou cinq mois ». Ainsi se constituerait, selon M. Jaurès, « une admirable armée homogène, avec des unités pleines, avec des effectifs sérieux.... une véritable force défensive qui se dresserait contre l'ennemi si le pays, après avoir offert l'arbitrage à l'agresseur, se trouvait acculé à la guerre ». Ces citations, que j'emprunte au compte rendu sténographique d'une conférence donnée tout dernièrement, ici-même, par M. Jaurès (2), résument bien sa pensée actuelle ; on en retrouve le développe-

---

(1) J. JAURÈS, *Vues politiques. Revue de Paris* du 15 avril 1910.

(2) Conférence du citoyen J. Jaurès au Grand-Théâtre de Nîmes le vendredi 4 février 1910. Nîmes, imprimerie coopérative « l'Ouvrière », 4, rue Grizot (1910).

ment dans un article de la *Revue de Paris* du
15 avril 1910, article infiniment éloquent, cou-
rònné par une vision poétique de la cité future
surgissant à nos yeux dans une saisissante apo-
théose.

———

CHAPITRE VII

Les enseignements de l'histoire. — Les milices à la guerre. — L'armée tumultuaire de Spartacus. — Les volontaires de la Révolution. — Les formations improvisées de 1870.

Abandonnons, Messieurs, si vous le voulez bien, ces hauteurs de rêve où se complaît le lyrisme ardent de M. Jaurès ; descendons au niveau d'une réalité plus concrète, plus immédiate, et, par malheur, infiniment plus pénible. Du domaine séduisant de l'hypothèse et de la poésie, passons dans le domaine souvent brutal et aride des faits.

Rejeter le système coûteux, mais prudent de la paix armée, et attendre la victoire d'une levée en masse de tous les citoyens contre l'étranger, c'est tenir peu de compte des faiblesses humaines, de la douceur du moindre effort, de la force de l'instinct de la conservation. C'est imaginer, pour les besoins de la cause, une humanité théorique uniquement guidée par des abstractions, uniquement pénétrée de ses devoirs, prête à tous les sacrifices, rebelle aux suggestions de ses sens.

Tout cela est-il légitime ? L'histoire peut nous donner là-dessus un premier renseignement, car elle a déjà vu combattre à plusieurs reprises des milices ou des formations analogues. Que nous apprend-elle à leur sujet ?

Pour répondre à cette question j'étudierai rapidement les diverses fortunes de quatre de ces formations, que j'ai choisies à dessein échelonnées tout au long des siècles, armée de Spartacus, volontaires de la Révolution, formations improvisées de 1870, commandos boers.

Je n'insisterai pas sur la révolte de Spartacus. Elle est trop loin de nous et l'art de la guerre a subi, depuis cette époque, des modifications trop importantes pour qu'on puisse en tirer un sérieux argument. Elle m'a paru cependant intéressante parce que Spartacus réussit à réunir de très gros effectifs (1), parce que tous ses hommes étaient individuellement de merveilleux soldats, parce qu'enfin il parvint à battre plusieurs légions et à faire trembler Rome, avant de tomber lui-même sous les coups de Crassus. Cette tentative nous offre ainsi le spectacle bien significatif d'une troupe qui a pour elle l'incontestable génie de son chef, la force du nombre, la qualité individuelle de ses éléments, le prestige des victoires initiales et qui, vouée à la défaite par le vice même de son organisation, succombe à la fin devant des forces moindres, commandées par un général médiocre, mais soutenues par une forte discipline.

« Spartacus et les siens, dit Ardant du Picq, étaient individuellement de terribles combattants, gladiateurs faits à la vue de la mort et à

_____

(1) Près de 100.000 hommes.

l'escrime, prisonniers, c'est-à-dire esclaves barbares, pleins de rage de leur liberté perdue,
colons esclaves en rupture de ban, tous gens
n'ayant nul quartier à espérer ; de quels hommes
pouvait-on espérer plus de fureur au combat ?
Mais la discipline, les chefs, tout était impro-
visé, ne pouvait avoir la solidité de la discipline
séculaire et d'institution sociale des Romains.
Ils furent vaincus.

« Il faut que le temps, et un long temps, ait
donné aux chefs, avec l'habitude du commande-
dement, la confiance dans leur autorité, aux
soldats la confiance dans leurs chefs, et dans
leurs camarades. »

Franchissons les siècles et arrivons à l'histoire
des volontaires de la Révolution. Je crois devoir
m'arrêter plus longuement sur cette partie de
mon étude, parce que je m'y trouve face à face
avec une légende qu'il importe, à mon avis, de
combattre sans merci.

Et tout d'abord, Messieurs, laissez-moi me défendre à l'avance de toute intention de dénigre-
ment. Sous la Révolution comme en 1870, la
France entière se leva d'un élan admirable contre
l'envahisseur. A la mémoire de tous ces héros,
nous devons un même tribut d'admiration et de
respect. Ne le leur marchandons pas ! Mais,
après le leur avoir payé, n'hésitons pas non
plus à rechercher ce que devint, au cours des
campagnes pénibles qui se sont déroulées, l'enthousiasme des premiers jours ?

Écoutez tout d'abord, au sujet des volontaires
de la Révolution, l'opinion d'un ennemi, le

maréchal de Moltke, opinion appuyée, d'ailleurs, sur un livre français (1) :

« ... Il plane encore, disait-il au Landtag, une sorte d'auréole sur les volontaires de 1792, mais il existe à leur sujet une histoire impartiale, écrite par un Français et d'après les documents du ministère de la Guerre. Je résiste à la tentation de vous faire des révélations piquantes, car il me faudrait citer le livre tout entier ; à chaque page vous verrez combien ces formations ont été inutiles et coûteuses et quel fléau elles ont été pour leur propre pays. Ce ne fut qu'après trois années d'amères déceptions que l'on se décida à ne plus mettre l'armée dans les volontaires mais les volontaires dans l'armée. Lorsque, plus tard, un homme comme le premier Consul et d'autres généraux célèbres se mirent à leur tête, ces volontaires traversèrent, il est vrai, victorieusement l'Europe entière, mais alors ils étaient devenus des soldats. »

Sans doute, le témoignage du maréchal de Moltke, désireux ce jour-là d'obtenir d'une assemblée le vote des crédits nécessaires aux armements qu'il projetait, peut, même appuyé sur l'étude très documentée de Camille Rousset, vous paraître suspect. La légende des enrôlements volontaires et des « va-nu-pieds superbes (2) », popularisée par la chanson et l'image,

---

(1) Discours prononcé par le maréchal de Moltke au Landtag. Le livre auquel le maréchal fait allusion est vraisemblablement l'ouvrage de Camille ROUSSET, *Les Volontaires de 1791-1794* (Librairie Didier, mars 1870).

(2) Victor HUGO, *Les Soldats de l'an II* (*Les Châtiments*).

s'est, d'ailleurs, certainement transmise jusqu'à vous, et je sais que je vais à l'encontre d'idées jusqu'à ces derniers temps assez généralement acceptées. Il est cependant, aujourd'hui, hors de doute qu'on a trop oublié le rôle joué dans les victoires de 1794 par les unités subsistant encore de l'ancienne armée royale, unités qui continuaient à former l'ossature (1) de l'armée et que les généraux gardaient soigneusement en réserve pour porter le coup décisif. On a oublié que les volontaires ne furent vraiment confirmés qu'après leur amalgame avec les bataillons des anciens régiments de ligne. On a oublié combien ils étaient, au début, et malgré leur enthousiasme indéniable, impressionnables, indisciplinés, pillards (2). On a oublié la panique de l'armée de Biron et la fuite des troupes de Théobald Dillon. L'histoire commence à mettre au point cette question. On est à peu près renseigné maintenant sur la valeur réelle des différentes levées (3) et sur les efforts qu'a nécessités leur mise en action que l'on croit volontiers spontanée. Il a

---

(1) Il n'y a pas eu improvisation complète, mais plutôt renforcement. « Au moment de l'invasion, dit Chuquet, il manquait seulement 5o à 6o hommes par bataillon pour atteindre le chiffre légal. »

(2) Tous ces faits ont été mis en lumière par des monographies récentes. Cf. notamment : *Milices et Volontaires du Puy-de-Dôme*, par le commandant FLOCON (Berger-Levrault, 1911). 3 fr.

(3) Après les défaillances du début, les volontaires de 1791 devinrent assez vite de vigoureux soldats. Les levées suivantes furent bien inférieures à cette première levée. Voici le jugement que porte sur elles l'un des derniers historiens de la Révolution : « C'étaient ces volontaires de 1792 auxquels une légende tenace a longtemps attribué nos premiers succès, et qui, en toute vérité, faillirent, au contraire, les compromettre. » MADELIN, *La Révolution* (chez Hachette, 1911).

suffi, pour cela, de relire les innombrables discours prononcés sur l'organisation de l'armée
par les orateurs de l'Assemblée Constituante, de
l'Assemblée législative et de la Convention. Il a
suffi de se rappeler aussi le labeur colossal de
Carnot, l'immortel organisateur de la victoire,
et de ses collaborateurs Robert Lindet, Prieur
de la Marne et Prieur de la Côte-d'Or !

Pour mieux préciser encore les faits, ne man-
quons d'ailleurs pas de parcourir aussi la correspondance ou les ouvrages des généraux de l'époque, celle de Dumouriez, celle de Duhoux, celle
de Duhesme, celle de Biron, celle du ministre de
la guerre Servan.

Duhesme, général de division en 1793 et 1794,
qui devait commander un corps d'armée en 1800
et mourir à Waterloo, écrivait en 1803 (1), en
parlant des troupes improvisées de la Révolution : « ...Notre cavalerie, qui, en commençant
la guerre, avait résisté avec avantage, s'était
fondue ; nos bataillons d'infanterie, presque tous
de nouvelle levée, savaient à peine les premiers
éléments de la manœuvre ; et nos généraux, tirés
presque tous, cette année-là, des rangs infé-
rieurs, pour remplacer ceux que leur naissance
ou même leurs services livraient à la défaveur
populaire, n'avaient ni le temps, ni les moyens
de les exercer. Battus continuellement en plaine
et ne pouvant espérer d'y résister à la meilleure cavalerie de l'Europe, et aux vieux régiments d'infanterie que les Autrichiens dé-

---

(1) *Essai historique sur l'infanterie légère.*

ployaient devant nous, nous cherchâmes d'autres théâtres. »

Dans sa correspondance avec le ministre de la Guerre (1), Biron pénètre encore plus avant dans la question : « ...Les officiers des volontaires, écrit-il, au mois d'août 1792, n'ont aucune fermeté, aucune influence, mettent souvent le désordre, au lieu de maintenir l'ordre... C'est dans les marches surtout que ceci se fait remarquer avec le plus de danger, car la surveillance est nulle. » Et ailleurs : « S'il était possible, dans les marches, de tenir toujours deux bataillons de volontaires entre deux troupes de ligne (2), l'ordre se maintiendrait ; mais nous sommes loin de cette proportion. Les colonnes s'allongent à l'infini, des queues restent dans les cabarets et pillent sans que personne prenne la peine ou ait la force de l'empêcher...» En septembre, Biron écrit encore : « Je suis obligé de vous le répéter, les volontaires nationaux de nouvelle levée sont plus embarrassants qu'utiles. Tous les officiers généraux à qui je veux en donner les craignent plus qu'ils ne les désirent. » Quelques jours après, il revient, plus vigoureusement encore, à la charge : «On m'assure, écrit-il à Servan, que votre intention est de retirer de l'armée du Rhin à peu près tout ce qu'il y a maintenant de troupes de ligne et de les

_____

(1) Correspondance de Biron en août et septembre 1792. Archives historiques du ministère de la Guerre. Lettres citées par le commandant GÉRÔME dans son *Essai historique sur la tactique de l'infanterie* (Lavauzelle, éditeur).

(2) Voilà déjà l'idée de l'amalgame qui se fait jour.

remplacer par le double de volontaires nationaux. C'est absolument m'ôter tous les moyens
de défense en doublant ceux de consommation.
J'ai déjà beaucoup trop de ceux qui mangent et
beaucoup trop peu de ceux qui servent. »

Que si vous récusez le témoignage de Biron,
général élevé dans les idées militaires de l'ancien régime, laissez-moi vous citer maintenant
ces quelques lignes du maréchal Bugeaud qui
devait atteindre l'âge d'homme peu après cette
époque, et qui a, par suite, reçu le contact di-
rect des événements.

« C'était en vain que, par des raisonnements
basés sur d'antiques vérités, on essayait de
prouver que des cohues que l'on ne peut mou-
voir en aucun sens, ne sauraient, quel que soit
d'ailleurs l'enthousiasme, livrer bataille ailleurs
que dans les rues d'une grande ville, à l'abri des
maisons et des barricades ; on n'en tenait aucun
compte.

« On citait nos volontaires au commencement
de la grande Révolution. Mais lisez donc l'histoire, nos volontaires ont été battus d'abord, et
ce n'est qu'à la fin de la deuxième campagne,
quand ils eurent acquis de l'expérience, de la
discipline, qu'ils ont obtenu des succès : voilà ce
qui nous a sauvés et non pas l'enthousiasme.

« Cette passion, quoique fugitive comme tout
ce qui est violent, peut opérer de grandes
choses quand elle s'empare de bataillons bien
constitués, bien instruits, et quand ils sont tels,
il est toujours aisé de les enthousiasmer pour
la patrie et la gloire.

« Mais l'enthousiasme des cohues sert peu dans les grandes journées en rase campagne ; il se change promptement en terreur dès que le désordre inévitable est arrivé, et il arrive pour le plus simple mouvement, pour le plus léger incident. »

Et plus récemment encore, plus durement aussi, peut-être, Ardant du Picq, traitant le même sujet, a écrit à son tour : « Il serait temps de faire comprendre le peu de force des armées tumultuaires, de faire revenir de l'illusion des premières armées de la Révolution, que le peu de vigueur, l'indécision des cabinets européens, a seul empêchées d'être irrémédiablement balayées. »

Oui, Messieurs, l'histoire, mieux informée, se lève enfin contre la légende et l'on apprécie de plus en plus la justesse de ces paroles que Sadi Carnot a placées en tête de son étude sur les volontaires de la Côte-d'Or (1) :

« On entend des Français, oublieux des belles années de paix dues à la vigilance de nos armes, proposer de dégarnir les frontières : au jour du danger, disent-ils, on n'aura qu'à décréter la levée en masse qui, sous la Révolution, a sauvé la patrie.

« Voilà, en effet, une légende que tous nos gouvernements ont laissée s'établir et se répandre impunément. Aussi serait-il trop tard pour faire entendre raison à ces dangereux rêveurs et leur démontrer que le salut de la France en 1794

---

(1) Sadi Carnot, *Les Volontaires de la Côte-d'Or.* Préface (Librairie L. Venot, Dijon).

a résulté de facteurs plus complexes qu'un simple décret de levée en masse ; que la résistance
nationale, depuis 1792, ne fut pas seulement le
fruit de l'impulsion patriotique, mais aussi et
surtout l'œuvre combinée de très vieilles tradi-
tions et de très grands efforts ; enfin, que l'armée
improvisée de la Révolution, vêtue de haillons
et armée de piques, a coûté plus cher à la France
que les troupes splendides du Roi Soleil... La fu-
neste légende continuera à exalter sans mesure
une heure de notre passé et à mettre en péril
tout notre avenir national, — jusqu'à ce que nous
ayons eu le courage d'établir enfin et de pro-
clamer jusque dans nos écoles primaires, la vérité historique sur l'armée de la Révolution.
Alors seulement le peuple, éclairé et averti,
pourra échapper à la séduction des vaines for-
mules et dicter, en connaissance de cause, des
lois prudentes et protectrices de sa liberté. »

La douloureuse expérience de la guerre de
1870 devait, après plus d'un siècle, conduire aux
mêmes conclusions. Quand les vieilles armées
impériales eurent succombé à Metz et à Sedan,
la France entière se dressa à la voix de Gambetta
et courut aux armes. Vous savez le lamentable
échec de tant d'héroïsme et qu'on ne parvint à
sauver, hélas ! que l'honneur. Vous connaissez
les hésitations imposées au général d'Aurelle de
Paladines par le manque de cohésion de son
armée et les actes d'indiscipline, les défaillances
de toute espèce, les lamentables paniques (1)

---

(1) Cf. la panique des mobilisés au Mans.

des troupes cependant si pleines d'entrain de la Défense Nationale. « Que manquait-il, écrit M. Alfred Mézières (1), à ces défenseurs improvisés du pays, pour la plupart pleins de bonne volonté? Ce qui manquera toujours en pareil cas : l'expérience, la cohésion, l'habitude et la discipline. Les troupes allemandes, soigneusement préparées à la guerre, entraînées depuis le début de la campagne par une série de victoires, formaient une masse compacte où il ne restait guère de parties faibles, où chaque homme, ayant confiance dans ses chefs et dans ses voisins, se sentait comme entouré, comme protégé par la solide armature du corps auquel il appartenait. Ce sont là, malheureusement, des avantages qui ne s'improvisent pas, qui ne peuvent être que le résultat d'une éducation militaire préparatoire. Nos régiments de marche et nos mobiles, si dévoués qu'ils fussent, n'offraient pas les mêmes conditions de solidité. Il eût été impossible d'attendre d'eux le même ensemble, la même subordination de toutes les parties à l'unité du tout. Venus de tous les points du territoire, ne se connaissant pas toujours entre eux, connaissant moins leurs chefs, ils étaient exposés à plus d'incertitude dans les mouvements, à plus de fantaisies individuelles. »

Et de son côté, l'un des héros de cette partie de la guerre, le général Chanzy, écrivait : « Gardons-nous de conclure que les armées improvisées sont une garantie suffisante dans les gran-

---

(1) Dans le *Temps*.

des crises qui peuvent encore se produire. Les événements auxquels nous venons d'assister établissent au contraire d'une manière irréfutable qu'une nation n'est sûre de son indépendance et réellement forte que si son organisation militaire est sérieuse, complète et puissante. »

Le mot de Clausewitz reste éternellement vrai :

« Les milices se comportent dans le combat comme des troupes de qualité inférieure ; elles y apportent beaucoup de puissance dans l'élan, mais leur sang-froid et leur ténacité s'épuisent rapidement. »

CHAPITRE VIII

Les commandos boers.

J'arrive, Messieurs, au quatrième exemple que j'ai choisi : c'est l'admirable résistance des Boers à l'invasion anglaise. Je me propose, laissant de côté le développement de la lutte, de suivre pas à pas l'ouvrage très documenté du général Christian de Wet (1) et d'y étudier, non pas les opérations militaires décrites, mais la réalité même des différents combats, et j'espère vous montrer ainsi que la principale cause de défaite des Boers fut le vice même de leur organisation.

Cet exemple est, au point de vue qui nous occupe, d'autant plus intéressant, que le recrutement de cette petite et vaillante armée se rapprochait beaucoup plus que le système des levées de la Révolution ou de la guerre franco-allemande du recrutement proposé pour les futures milices (2). Les Burghers s'improvisaient en effet soldats au moment de l'appel aux armes et se réunissaient en commandos de force variable. Les officiers étaient élus par les hommes.

_____

(1) *Trois ans de guerre,* par le général Christian DE WET.

(2) A cela près cependant que la pratique continue de la chasse et l'habitude d'une vie rude donnaient par avance aux Burghers un entraînement physique et moral, une résistance et une habileté au tir qu'on ne peut raisonnablement attendre de miliciens européens.

Des bagages en grand nombre encombraient les camps. De Wet ne put jamais obtenir, même aux heures les plus critiques, l'abandon de ces chariots dont la présence, alourdissant les colonnes, paralysa souvent leurs opérations et les conduisit aux pires désastres; et si je vous signale ce fait, en apparence minime, c'est qu'il est une preuve immédiate de l'absence ou tout au moins de la faiblesse de la discipline dans les commandos.

Déjà chancelante pendant le combat, elle disparaissait entièrement après l'action. La bataille finie, tous les citoyens redevenaient égaux et chacun prenait part à la discussion des opérations du lendemain. Ainsi s'explique d'ailleurs la divulgation — qu'on ne put jamais empêcher et dont l'ennemi profita sans cesse — des intentions du commandement. Impossible dans ce manque général de cohésion, de lier des opérations, impossible de profiter d'un succès. Jamais les généraux boers ne parvinrent à obtenir de leurs troupes la poursuite des fractions ennemies vaincues. Et, en transportant cette remarque du domaine tactique dans le domaine stratégique, où elle demeure vraie, nous y trouvons une des causes principales de la stérilité de l'héroïsme boer et du succès final des Anglais, et une des caractéristiques les plus inquiétantes de la plupart des troupes improvisées, une de celles qui les vouent le plus sûrement, malgré les plus brillants succès partiels, à une inévitable défaite.

Mais, en dehors même de ces considérations

d'ordre général, l'ouvrage de Christian de Wet nous permet, grâce à la précision et à la rare franchise de son récit, de suivre l'action dans ses moindres détails et de saisir ainsi, pour ainsi dire sur le vif, les défaillances de ses propres troupes. Et c'est par la description particulièrement impressionnante que je lui emprunte de quelques-unes de leurs paniques que je veux clore l'exposé de cette question.

Le général Cronjé vient de capituler à Paardenberg. Les commandos sont en partie démoralisés. De Wet, nommé commandant en chef, s'est fortement établi près de Poplar Grove. Lord Roberts s'avance et le combat s'engage. Mais, au bout de peu de temps, la ligne boer est rompue. « Nos Burghers, pris de peur, écrit de Wet, abandonnaient leurs positions en désordre, avant même que l'ennemi fût arrivé à portée de canon.

« Ils fuyaient, fuyaient sans qu'aucun d'eux retînt ses camarades. C'était une fuite comme je n'en avais jamais vu et comme je n'en veux plus voir, dussé-je mourir pour que ce spectacle me soit évité. Canons, voitures, chariots, Burghers, tout descendait, dégringolait, se culbutait du haut des positions dans le plus abominable pêle-mêle. En vain, avec mes officiers, tentai-je un ralliement. J'usai, ce jour-là, deux de mes meilleurs chevaux qui tombèrent sous moi. Rien n'y fit, je ne retins point les fuyards. Ce ne fut que le lendemain, que je pus, en partie, rallier mes Burghers. »

La lutte recommence. Les Boers se défendent

bravement jusqu'au soir : « Malheureusement, continue de Wet, les nôtres ne persistèrent point dans ce beau courage, et, comme si une nouvelle panique s'était emparée d'eux, ils quittèrent leurs positions, après le coucher du soleil, et se retirèrent dans la direction de Bloemfontein. Une troupe de cinq mille Burghers en fuite et affolée par l'ennemi se trouva réunie par ce fait. Il était dès lors bien difficile de la tenir en main et de l'employer utilement. » Remarquez, Messieurs, que ces deux scènes se sont déroulées le 7 et le 8 mars 1900, c'est-à-dire près de six mois après la déclaration de guerre. Nous n'avons donc plus affaire à de toutes jeunes troupes et l'exemple n'en est que plus probant. Nous allons en trouver d'autres.

Cinq jours passent. Nouvelle panique le 13 mars sous les murs même de Bloemfontein et prise de la ville par Lord Roberts : « Les Burghers, dit de Wet, qui étaient le plus exposés au feu commencèrent à faiblir, puis, en un clin d'œil, de positions en positions, ils se mirent à fuir. Les officiers et moi, nous fûmes incapables d'arrêter la débâcle ; ce fut vers le nord-est un galop de troupeau qu'on poursuit.

« Lord Roberts occupa Bloemfontein presque sans avoir tiré un seul coup de canon. »

Cet échec déconcerta à ce point les Boers que leurs unités commencèrent à se désagréger. « La panique, dit de Wet, était dans tous les commandos que les Burghers, démoralisés, abandonnaient pour regagner leurs foyers. Déjà ceux de Fauresmith et de Jacobsdal, après Poplar

Grove, s'étaient retirés ; après Bloemfontein, presque tous, en désordre, avec les chevaux et les chariots qu'ils avaient traînés derrière les commandos s'enfuyaient dans toutes les directions. » Par une conséquence inouïe de cet état d'esprit et de l'organisation politique et sociale des républiques sud-africaines, le général de Wet doit céder lui-même à cet irrésistible mouvement ; la rage au cœur, il est obligé de licencier les troupes en présence de l'ennemi toujours menaçant ; il compte malgré tout sur ce court séjour dans leurs foyers pour retremper leur force morale et, de fait, l'événement ne trahit pas son espoir : au bout de quelques jours les commandos se reforment d'eux-mêmes !

Nous voici maintenant arrivés au 6 novembre 1900. De Wet a passé la nuit près de Bothaville, sur les bords de la Vaalrivier. Au point du jour des coups de fusil éclatent et les Anglais surgissent à peu de distance. « Ce fut alors, dit le général, une panique effrayante, et telle qu'il s'en produisit peu au courant de la guerre..... Tous ceux qui déjà avaient pu seller leurs chevaux s'enfuirent à toute allure. Plusieurs même, sans se soucier de leurs selles, se jetèrent sur le dos de leurs chevaux.

« Ne fuyez pas, sus à l'ennemi ! » criai-je en me mettant en selle :

« Je tentai de rallier ma troupe, ce fut peine perdue. Quand je leur barrais la route d'un côté, ils se sauvaient par un autre. La panique était complète et ne se calma que quand ils furent tous hors d'atteinte. »

Dans cet engagement, les Boers perdirent quarante hommes tués, une centaine de blessés et six pièces d'artillerie. Ils se trouvaient cependant, à peu de chose près, numériquement égaux à leurs adversaires. Mais qu'importe le nombre ! En pareil cas, l'homme ne raisonne plus. De Wet le remarque lui-même : « Peu habitués à la discipline, les Burghers se battaient courageusement quand ils voulaient. Mais quand la panique s'emparait d'eux, rien non plus ne pouvait les retenir. »

La campagne continue. En septembre 1901, sur la route de Reitz à Bethléhem, de Wet, à la tête de quatre-vingts chevaux, aborde un détachement de cavalerie anglaise : « Ils allaient au trot, dit-il, ce qui leur permettait de nous entendre venir de loin, nous qui allions au galop. Nous n'étions plus qu'à deux cents pas d'eux quand ils ouvrirent le feu sur nous. Je commandai aussitôt : « Chargez, Burghers » ! Une partie des miens, — les plus courageux seuls, — obéirent à mon ordre ; les autres se sauvèrent. Nous étions cinquante pour donner l'assaut et nous arrivâmes tout près des Anglais.

Trois mois après, le 18 décembre 1901, de Wet lutte encore, à forces à peu près égales, aux environs de Harrismith, contre un détachement anglais : « Je sentais, dit-il, que la colonne était à moi, et que nous allions faire une bonne journée. Mais quelle ne fut pas ma déception quand je vis que sur mes cinq cents Burghers, il n'y en avait qu'un tiers qui tirait. Les autres se cachaient et j'avais beau faire, je ne réussis pas à les ramener au feu. Mon plan devait échouer. Quand ceux qui s'avançaient en tirant virent leurs camarades rester en arrière, ils rebroussèrent chemin. Ils auraient eu, cependant, le temps d'attaquer les Anglais de quatre côtés. »

Et voici maintenant que la fin est proche. Nous sommes en février 1902. L'heure est grave. Lord Kitchener, à la tête de forces imposantes, cerne les derniers Boers. Le président Steijn et les autres membres du Gouvernement sont aux côtés de de Wet. Il s'agit de forcer le vivant barrage que les troupes anglaises resserrent autour de ces braves. « Les Burghers, dit de Wet, avaient toujours marché en droite ligne jusqu'au Spruit; mais quand l'ennemi commença à tirer, ils obliquèrent sur leur gauche. Seuls, les hommes de Ross, Botha et Alberts résistèrent de pied ferme. Les officiers et leurs veldcornets, avec une centaine d'hommes au plus, donnèrent l'assaut à la position anglaise la plus rapprochée. Je criai de toutes mes forces : « Burghers, chargez ! » De mon côté, je m'efforçai de retenir ceux de mes hommes qui tournaient bride. J'usai même vis-à-vis d'eux du « sjambok » (1). Mais deux cent cinquante à peine m'écoutèrent; les autres s'étaient enfuis. À un moment donné, je me trouvai seul, sans état-major. »

Écoutez maintenant, Messieurs, écoutez

_____

(1) Le sjambok est le fouet dont se servent les Boers pour pousser leurs attelages.

Victor Hugo s'écrier dans son récit d'une autre défaite (1) :

> . . . . C'est alors
> Qu'élevant tout à coup sa voix désespérée,
> La Déroute, géante à la face effarée,
> Qui, pâle, épouvantant les plus fiers bataillons,
> Changeant subitement les drapeaux en haillons,
> A de certains moments, spectre fait de fumées,
> Se lève grandissante au milieu des armées,
> La Déroute apparut au soldat qui s'émeut,
> Et, se tordant les bras, cria : Sauve qui peut !

Dans les vers enflammés du poète comme dans la prose d'une si émouvante simplicité du vieux général vaincu, n'est-ce pas le même spectre effrayant et farouche qui passe ? Et sa tragique évocation ne condamne-t-elle pas à jamais ces formations improvisées auxquelles le malheur des armes peut encore hélas ! nous contraindre ; mais dont tous nos efforts du temps de paix doivent tendre à nous épargner le retour.

Volontaires de la Révolution, courant à l'appel de la Patrie en danger, Marie-Louises imberbes des champs de la Rothière, de Laon ou de Waterloo, mobiles bretons de l'armée de Chanzy, et vous aussi, burghers de Cronjé ou de Cristian de Wet, soldats héroïques et pourtant sujets à d'inévitables faiblesses, vous tous, Français ou étrangers mais que votre sacrifice rend dignes d'une commune admiration, votre sang n'aurait pas été versé en vain si le souvenir de votre inutile infortune pouvait enfin se graver dans toutes les mémoires comme une éternelle leçon !

_____

(1) Victor Hugo, *Les Châtiments. L'Expiation, II.*

CHAPITRE IX

Je dois, ici, prévoir deux objections et les réfuter.

Vous nous avez détaillé, pourriez-vous me dire, des défaillances de recrues ou de soldats de hasard, mais votre argument est sans valeur, parce que votre énumération a été incomplète : en réalité aucune troupe, même la plus aguerrie, aucune armée, même la plus victorieuse, n'a été entièrement à l'abri des paniques.

Messieurs, rien n'est plus vrai : les plus vieux régiments, les plus solides ont eu leurs faiblesses ; bien plus, c'est parfois au milieu même de leurs triomphes que d'effroyables crises morales, inexplicables et violentes, les ont saisis et terrassés : il y a eu des paniques françaises le soir de Wagram et le lendemain de Solférino ; des paniques anglaises à Waterloo, prussiennes à Saint-Privat. Mais serrons de plus près le problème. Nous avons ici pour nous guider l'étude très documentée de M. le général Daudignac sur *Les réalités du combat.* Que nous apprend cet ouvrage ? Laissant de côté les incidents purement locaux, en somme assez fréquents sur les champs de bataille, mais de portée négligeable, nous y relevons pour l'ensemble de tous les pays, de toutes les armées et de tous les théâtres d'opérations, un total de 33 paniques d'une certaine importance dans la période qui s'étend de 1800 à 1900. Or, sur ces 33 paniques, 13 se sont produites pendant la seule guerre franco-allemande. Elles se décomposent de la façon suivante : 3 du côté prussien et 10 du côté français, parmi lesquelles 2 dans les vieilles troupes impériales et 8 dans les troupes de la défense nationale. Cette statistique n'est-elle pas éloquente ?

De telles différences ne peuvent d'ailleurs pas être dues au hasard. Pour les expliquer, il suffit de se rappeler que la panique est un phénomène instinctif relevant de la très spéciale psychologie des foules (1). Aucun raisonnement ne peut l'empêcher. Elle a pour elle toute la force animale et irrésistible de l'instinct. Pour l'éviter et, lorsqu'elle est déchaînée, pour la limiter, il faut que la troupe qu'elle a saisie trouve en elle-même, afin de lutter contre le vent de folie qui la culbute, des réflexes contraires tout préparés à l'avance : habitude de faire face, sentiment enraciné de la cohésion, discipline du rang, confiance aveugle de chaque soldat dans ses chefs et dans ses camarades, suggestions impulsives de l'honneur, de l'esprit de corps. Or, tous ces éléments résultent d'une éducation prolongée du temps de paix ou, tout au moins, d'un

---

(1) Cf. Dr Gustave Le Bon. Avant lui, le général Trochu avait déjà vu dans l'étude morale du combat un problème de psychologie collective.

encadrement solide, et sont, en tout cas, incompatibles avec la hâte et l'imprévu d'une organisation de fortune. Ardant du Picq, profond psychologue et soldat trempé par de rudes batailles, avait déjà signalé, bien avant le docteur Le Bon, cette nécessité des réflexes de métier et de l'automatisme pour affermir l'homme dans ce grand drame du combat « où la mort est dans l'air, invisible et aveugle, avec des souffles effrayants qui font courber la tête » (1).

J'aborde une deuxième objection. Vous nous avez cité, me direz-vous encore, des exemples historiques trop éloignés de nous dans l'espace ou dans le temps pour être de quelque poids à l'appui de votre thèse. De fait, les volontaires de la Révolution et même les troupes de la défense nationale appartiennent à un passé déjà lointain, et la guerre sud-africaine, malgré d'intéressantes analogies, s'est déroulée dans des conditions tout à fait spéciales. Tout cela je le reconnais. Mais votre objection tombe à son tour ; car les caractéristiques du combat moderne, loin d'infirmer les leçons de l'histoire, en accroissent au contraire singulièrement la portée. C'est encore dans Ardant du Picq que nous allons en trouver tout d'abord la raison : « Plus se perfectionnent les engins de guerre, disait-il, plus effrayante devient cette lutte avec la fatalité qu'est le combat moderne, plus difficile est la discipline. » Et ailleurs : « Le soldat perd ses camarades dans ce combat de fumée,

---

(1) ARDANT DU PICQ, *Études sur le combat*.

d'éparpillement, de flottement en tous les sens,
où il combat isolé pour ainsi dire ; la solidarité
n'a plus la sanction d'une surveillance mutuelle..... La grandeur du champ de bataille per-
mettant moins que jamais d'en embrasser l'ensemble, le rôle du général est bien plus difficile,
bien plus de chances sont laissées au hasard ;
donc nécessité de troupes meilleures, sachant
bien leur métier, plus solides, plus tenaces, pour
diminuer les chances de hasard. Il faudra tenir
plus longtemps pour attendre un secours lointain. Les batailles de soldats sont bien plus fré-
quentes... Singulier retour ; dans le combat à
une lieue, la valeur du soldat, ainsi que dans le
combat antique à deux pas, redevient l'élément
essentiel du succès. Fortifions le soldat par la
solidarité. » Il écrivait encore : « Aujourd'hui, il
y a nécessité plus grande que jamais du rang ou
discipline... Nous sommes ramenés par l'éparpillement à comprendre la nécessité de la qualité
d'une solidarité plus resserrée qu'en aucun
temps. Vérité presque naïve tant il est clair que,
si on ne veut pas qu'ils se brisent, plus des liens
doivent s'allonger, plus ils doivent être forts. »
Et plus loin : « La solidarité, la confiance ne
s'improvisent pas : elles ne peuvent naître que
de la connaissance mutuelle. »

Tous les auteurs militaires ont, après ce maître, développé le même thème et adopté les
mêmes conclusions. « Le combat, dit le général
de Négrier dans une étude inspirée par la guerre
sud-africaine, est aux mains de chaque combattant et jamais, à aucune époque, la valeur indi-

viduelle du soldat n'a eu plus d'importance. »
Et, abordant le fond même de la question, il signale l'extrême dépense nerveuse imposée au
combattant actuel et l'épuisement physique et
moral contre lequel il doit incessamment lutter :
« Il n'a plus pour le soutenir, ajoute-t-il, les gri-
series des anciennes attaques en masse. Autrefois l'angoisse de l'attente lui faisait désirer le
coup de violence, dangereux mais bientôt passé.
Maintenant, pendant de longues heures, toutes
ses forces morales et physiques vont être en jeu ;
et, dans une telle épreuve, il n'aura pour se soutenir que la fermeté de son cœur. »

Vous retrouverez, Messieurs, cette même note
sous la plume des officiers russes qui ont com-
battu en Mandchourie, Soloviev, Neznamov,
Martinov. Tous vous rediront l'importance croissante des forces morales à la guerre, et que, plus
plus que jamais, « c'est la valeur des troupes
qui décide des affaires en dernier ressort » (1).

Et pour vous convaincre mieux encore de la
vérité d'une thèse à laquelle vous pourriez hésiter à vous rallier si je vous la présentais simplement comme une opinion personnelle, ou que
vous pourriez regarder comme dictée par des
préoccupations trop exclusivement professionnelles si je ne l'appuyais que de l'autorité
d'écrivains militaires, laissez-moi vous citer une
belle page écrite sur ce même sujet par un con-
temporain, M. Émile Boutroux. Dans l'étude
pénétrante qu'il a faite des exigences du combat

---

(1) Décret de 1895 sur le Service des armées en campagne.

moderne, vous allez retrouver l'exposé merveil-
leusement précis et ordonné des arguments que
je vous ai déjà présentés ; mais ils puiseront une
force nouvelle dans l'autorité même du philosophe qui les a développés.

« Les progrès de la civilisation, dit M. Boutroux, ont exalté l'individualisme. Aussi les
théoriciens ont-ils beau prêcher l'altruisme et la
solidarité, les générations actuelles sont de
moins en moins prêtes au sacrifice... Or, un
grand nombre de particularités de la guerre
moderne tendent à surexciter ou à favoriser
l'instinct de la conservation personnelle au lieu
de le réprimer. C'est, par exemple, le tir aux
grandes distances, le tir rapide, le fusil à maga-
sin, l'emploi du terrain, l'ordre dispersé, l'immense étendue des champs de bataille. Le soldat
perdra son chef de vue, la fuite lui sera plus
facile. Les éléments de combat se trouveront
plus souvent éloignés du centre des opérations et réduits à agir par eux-mêmes. Les
ordres seront et devront être souvent très som-
maires, n'indiquant que l'objet final à pour-
suivre et non les moyens à employer, à cause de
l'impossibilité où se trouvera le chef de prévoir
le détail des conditions et des circonstances.

« Dans ces conditions, il est indispensable que
les soldats, aient, par eux-mêmes, une haute
valeur morale, qu'ils soient véritablement capables d'un dévouement et d'une abnégation spon-
tanés. Il faut qu'ils gardent leur entrain et leur
bonne humeur, alors qu'ils se voient décimés
par des projectiles venus on ne sait d'où, sans

fumée apparente, sans bruit nettement perceptible. Il faut qu'ils résistent au spectacle de régiments entiers abattus en un instant comme par un coup de faux. Il faut que, loin du chef, ils fassent leur devoir comme s'ils étaient sous ses yeux. Il faut qu'ils soient capables d'un sacrifice obscur, éternellement ignoré. Il faut « qu'en l'absence d'ordres précis, chefs et soldats ne se cantonnent pas dans leur cercle d'action limitée, satisfaits s'ils se sentent couverts par la responsabilité d'autrui », mais qu'ils aient l'oreille à ce qui se passe autour d'eux, prêts à « marcher au canon ou à la fusillade, du moment qu'ils n'ont pas reçu l'ordre formel d'agir autrement, et où ils ne sont pas eux-mêmes aux prises avec l'ennemi ». Il faut qu'ils aient un autre souci que la préoccupation égoïste de dégager sa responsabilité, ou même que le désir, très légitime en soi, de se distinguer par des actions d'éclat individuelles. Tous leurs actes doivent être subordonnés à l'œuvre commune et viser au succès final ; ils doivent agir et non attendre et ils ne doivent pas hésiter entre un sacrifice qui n'a que leur conscience pour témoin, mais qui assure la victoire, et une action brillante, mais sans résultat.

« Qu'est-ce à dire ? On demandait au soldat d'autrefois d'avoir de la bravoure ; on attend de celui d'aujourd'hui qu'il soit un héros. Non seulement on lui interdit de frémir devant ce qui est peut-être le plus troublant : le danger invisible, mais on n'est plus en mesure de lui permettre ce qui, surtout, exaltait son courage, le regard du chef fixé sur ses subordonnés. Le poëte décrit comment, à Waterloo, les soldats de la Garde, avant d'entrer dans la fournaise,

« Comprenant qu'ils allaient mourir sans cette fête,
« Saluèrent leur Dieu, debout dans la tempête ! »

« Ce suprême encouragement sera bien souvent refusé à nos soldats et il faudra qu'ils fassent leur devoir tout seuls.

« D'où leur viendra la force d'accomplir de tels sacrifices ? Il est clair que la discipline matérielle sera tout à fait insuffisante et que tout reposera sur la force morale des individus. »

Cette force morale et cette cohésion, toujours plus nécessaires, où les puiser, sinon dans une soigneuse éducation morale préalable et dans un séjour d'une durée suffisante dans des unités organisées ?

Un autre argument doit affermir encore en nous cette conviction. « Notre soldat, dit M. le colonel de Maud'huy(1), plus intelligent(2), juge ses chefs : il ne leur donne pas sa confiance parce qu'ils ont des titres et des galons, mais parce qu'il les juge véritablement ses supérieurs. Dans d'autres armées, il suffit que l'officier soit officier ; avec les Français, il faut qu'il soit le *chef* et que sa supériorité *personnelle* soit affirmée et reconnue. » La nécessité ne résulte-t-elle pas de là, plus impérieuse chez nous que chez

(1) *Infanterie*, par le colonel de Maud'huy.
(2) Que la moyenne des soldats étrangers.

nos voisins, de troupes organisées à l'avance, connaissant depuis longtemps leurs chefs et ayant pu, par suite, les apprécier et prendre confiance en eux?

Et pour clore enfin le débat, citons encore ces paroles si sages de Washington, lesquelles résument en quelques mots tous les arguments qui précèdent :

« L'expérience, qui est la meilleure des règles de conduite, entraîne d'une manière si décisive à la condamnation des milices que personne, pour peu qu'il fasse cas de l'ordre, de la régularité, de l'économie et de son propre honneur, de sa réputation, de sa tranquillité d'âme, ne voudra accepter la direction d'une guerre entreprise au moyen de milices.

« Le peu de temps passé sous les drapeaux et une confiance mal fondée dans les milices sont la cause de nos échecs et de l'augmentation de notre dette (1). »

Voilà donc le système des milices définitivement condamné. Il nous faut une armée régulière. Or, les *conflits modernes* ne se contentent pas de petits effectifs. D'autre part, et malgré la commodité séduisante de cette solution, nous ne pouvons, sans danger, confier une part trop grande dans notre propre défense à des contingents de troupes noires. Ce serait, suivant l'expression même de M. Jaurès, « la faillite de la race française et de la démocratie française » (2).

_____

(1) Discours au Congrès des États-Unis.
(2) J. Jaurès, *Vues politiques. Revue de Paris* du 15 avril 1910.

Et cette faillite, en nous frappant de déchéance aux yeux de nos anciens vaincus, ne manquerait pas sans doute de faire naître partout, tôt ou tard, une fièvre de révolte dans notre empire colonial.

Force nous est donc de nous résigner à ce fardeau pénible mais inévitable de la paix armée et du service militaire obligatoire et personnel.

Acceptons-le gaiement. Dans un de ses romans (1) M. Paul Acker nous dépeint l'égoïsme et l'orgueil d'un jeune intellectuel à qui répugnent les corvées de la vie en commun, que froisse et humilie l'égalité absolue de tous au régiment, et dont l'antimilitarisme est né de l'obligation où il se trouve d'acquitter personnellement l'impôt militaire.

Laissons au « soldat Leprince » ses préventions égoïstes, sa mesquinerie psychologique et morale (2). L'armée est une seconde école. En dehors du métier des armes, et même en temps de paix, le jeune citoyen peut y puiser d'utiles

---

(1) Paul ACKER, *Le soldat Bernard*.

(2) La thèse du romancier est d'ailleurs la nôtre. Son héros, le soldat Bernard, arrivé au régiment avec des idées antimilitaristes, en sort patriote et réconcilié avec l'armée. Voici les toutes dernières lignes du roman : « .... Et c'est toute la douloureuse grandeur de l'armée qui éblouit Bernard, toute sa noblesse, toute sa nécessité, puisqu'elle seule cultive encore ce qu'il y a de plus généreux dans l'homme, le mépris de l'intérêt privé, le mépris des injures et le mépris de la mort, le naturel accomplissement du devoir, et le don spontané de soi-même au pays. »

A rapprocher ce développement de cette pensée de Nietzsche, écrite en 1867 à propos de la vie de caserne : « Cette vie est incommode ; mais goûtée à la manière d'un entremets, je la trouve tout à fait profitable. C'est un constant appel à l'énergie de l'homme. »

leçons. Il y pratique l'égalité humaine la plus complète, son esprit s'ouvre au contact d'autres hommes et de circonstances nouvelles ; il y apprend le sentiment de la solidarité, de la camaraderie, le mépris de la fatigue, le goût de l'effort. Loin d'en sortir, comme on l'a trop souvent répété amoindri, il en sort virilisé, moralement et intellectuellement meilleur.

CHAPITRE X

Messieurs, je crois vous avoir maintenant démontré la nécessité de ce devoir militaire dont j'avais mission de vous entretenir, et j'espère vous avoir aussi convaincus de ce que nous devons en accepter la forme imposée par les lois actuelles, comme la prime d'une assurance inéluctable. Mais je n'ai envisagé jusqu'ici que les obligations communes à tous les citoyens. Au-dessus d'elles, il en est de plus hautes qui incombent à quelques-uns.

Je ne vous étonnerai pas, j'en suis sûr, en prétendant que le devoir militaire est pour vous, instituteurs, plus étroit que pour l'ensemble de vos concitoyens et se présente sous la forme d'une obligation double : vous devez vous en acquitter comme tout le monde, et mieux encore que tout le monde, puisque vous devez l'exemple ; il vous appartient aussi d'y préparer les autres.

Cette préparation n'est point superflue : « La démocratie aurait en effet besoin, puisqu'il est bien naturel qu'on ait peu de goût pour les lourdes charges, qu'on renforce en elle le sentiment patriotique, au lieu de lui laisser croire que le service militaire est un legs douloureux d'un passé odieux et barbare et doit disparaître avant peu aux rayons de la civilisation pacifique (1). »

Or, qui donc, mieux que vous, peut donner cette préparation civique ? « L'avenir de la France, dit le lieutenant-colonel Montaigne, est entre les mains des parents et des instituteurs : ils sont les semeurs. L'âme nationale est ce qu'ils la font. »

Ce n'est pas en effet en deux années que nous pouvons, nous officiers, exalter à un degré suffisant le patriotisme de nos conscrits, si vous ne les avez pas, dès l'enfance, préparés à notre enseignement. Notre but commun doit être par suite de susciter non point un patriotisme de surface, mais un patriotisme qui fasse si bien corps avec tout l'être de nos soldats, qu'il soit devenu en quelque sorte une foi agissante, capable de gouverner automatiquement leur conscience et de créer jusque dans les profondeurs mystérieuses de leur inconscient, des réflexes irrésistibles déterminant presque à leur insu tous leurs actes. Il faut que leur cerveau conçoive la foi patriotique comme une vérité et que leur sensibilité s'en empare.

Un tel résultat ne peut être obtenu que si vous vous adressez, dès leur première enfance, à tout l'être raisonneur, intellectuel et même affectif de vos élèves. « C'est l'éducation, disait

---

(1) Émile FAGUET, *Le Culte de l'incompétence*, p. 211.

Rousseau (1), qui doit donner aux âmes la forme
nationale et diriger tellement leurs opinions et
leurs goûts, qu'elles soient patriotes par incli-
nation, par passion, par nécessité. Un enfant, en
ouvrant les yeux, doit voir la patrie et jusqu'à la
mort, ne doit plus voir qu'elle. »

Quels moyens, quels procédés éducatifs,
s'offrent à vous dans cette partie de votre enseignement? L'histoire est peut-être le meilleur de
tous : « C'est à l'école, a dit M. Lavisse, de dire
aux Français ce que c'est que la France. Qu'elle
le dise avec autorité, avec passion, avec
amour ! » Mais, sous le prétexte de vous consa-
crer à l'étude des idées et des civilisations, ne
négligez pas les suggestions de l'histoire-bataille. Rien ne serait d'ailleurs moins légitime
ni plus injuste. C'est en vain, en effet, qu'on a
voulu opposer l'une à l'autre ces deux conceptions qui ne sont en réalité que les deux faces
d'une même question.

L'histoire de la civilisation nous détaille en
effet la marche des progrès de l'humanité ; c'est
l'histoire des résultats obtenus par elle. Mais
l'histoire-bataille est celle des moyens qui ont
conduit à ces résultats et les ont rendus possi-
bles. La civilisation aurait cent fois péri sous
l'assaut de la barbarie si des soldats ne s'étaient

---

(1) J.-J. Rousseau, *Considérations sur le gouvernement de
Pologne*, chap. IV.

Montesquieu écrit plus brièvement : « Tout dépend donc
d'établir dans la République cet amour (de la patrie) ; et c'est
à l'inspirer que l'éducation doit être attentive. » *Esprit des lois*,
liv. IV, chap. V.

dressés pour la défendre. Il convient donc
d'honorer d'une même reconnaissance les penseurs, les artistes ou les poètes et les soldats
dont le dévouement a protégé leur travail et
conservé le trésor de leurs conquêtes pacifiques.
Rien n'eût sans doute survécu de la civilisation
grecque si Thémistocle n'avait point vaincu à
Salamine. Et, sans rappeler ici la chute de Car-
thage ou la bataille de Poitiers, croyez-vous
que le monde entier n'ait pas retiré quelque
profit des sanglantes victoires de notre Révolution ?

Pour faire naître cette émotion patriotique
qui doit être assez intense pour déterminer au
moment d'une crise une véritable contagion
d'héroïsme, ne négligez aucun procédé, ne dé-
daignez aucun rite : quel soldat n'éprouve, au
moment où lui est présenté son drapeau, une
secousse profonde de toute sa sensibilité ? Ap-
prenez à vos élèves que ce drapeau qui représente, qui symbolise la Patrie avec tout ce que
ce mot doit évoquer en eux de formidable et de
prestigieux, a droit à notre respect comme la
Patrie elle-même qu'il représente. Dites-leur
qu'en le saluant à son passage, ils saluent la
France et tout son passé de gloire ; dites-leur
que ce lambeau d'étoffe qui frissonne au-dessus
des baïonnettes, « c'est, suivant l'émouvante
définition de M. Claretie, l'honneur du Régiment, ses gloires et ses titres flamboyant en
lettres d'or sur ses couleurs fanées qui portent
des noms de victoires, c'est comme la conscience
des braves gens qui marchent à la mort sous

ses plis ; c'est le devoir dans ce qu'il a de plus
sévère et de plus fier, représenté par ce qu'il a
de plus grand : une idée flottant dans un éten-
dard. »

Messieurs, les conscrits que nous recevons
sont déjà des adultes. Notre action sur eux est
difficile quand elle se heurte à des opinions pré-
conçues. Mais c'est vous qui avez l'honneur de
pétrir leur intelligence et leur sensibilité d'en-
fants. Soyez donc nos collaborateurs à l'école et
après l'école. On a souvent répété, — et peut-
être a-t-on même abusé de cette formule, — que
c'était l'instituteur allemand qui nous avait
vaincus en 1870. Messieurs, puisque tôt ou tard,
et contre celui-ci ou contre celui-là — je parle,
vous le voyez, sans chauvinisme et sans arrière-
pensée de provocation, — puisque tôt ou tard,
disais-je, une guerre peut éclater, laissez-moi
l'espérer glorieuse, et saluer en vous, instituteurs de demain, les artisans de notre revanche.

Nîmes-Agen, avril 1910-janvier 1913.

TABLE DES MATIÈRES

———

NANCY-PARIS, IMPRIMERIE BERGER-LEVRAULT

LIBRAIRIE MILITAIRE BERGER-LEVRAULT

PARIS, 5-7, rue des Beaux-Arts — rue des Glacis, 18, NANCY

Précis d'histoire de France et d'Histoire générale, *rédigé conformément aux derniers programmes officiels, à l'usage des candidats aux Écoles de Sous-Officiers Élèves Officiers et des Élèves Officiers de réserve*, par Émile CHANTRIOT, docteur ès lettres, agrégé de l'Université, 1910. Un volume in-8 étroit de 314 pages, broché . . . **2 fr. 50** — Relié en percaline . . **3 fr. 50**

Précis de Géographie, *rédigé spécialement pour le programme d'admission dans les Écoles de Sous-Officiers Élèves Officiers et pour l'admission des Élèves Officiers de réserve*, par le même. 1911 Un vol. in-8 étroit de 390 p., avec cartes, broché . . . . **3 fr.** — Relié en percaline . . . . **4 fr.**

Conseils et Méthode à l'usage des Candidats aux Écoles d'Aspirants, *Suivis d'environ 1 300 questions posées aux derniers examens à Saint-Maixent, Versailles et Vincennes*, par le lieutenant G.-A. BON, du 92e régiment d'infanterie. 1911. Un volume in-8 de 96 pages, broché . . . . **1 fr. 50**

Emplois civils et militaires réservés aux Engagés et Rengagés de l'Armée. (Loi du 21 mars 1905.) *Recueil des sujets de composition donnés aux examens pour les emplois rangés en troisième catégorie et pour certains emplois rangés en quatrième catégorie (gendarmes, préposés des douanes, agents du poids public).* 1911. Un volume in-8 de 117 pages, broché . . **2 fr.**

Dressage de l'Infanterie en vue du combat offensif, par le lieutenant-colonel DE GRANDMAISON. Avec une préface de M. le général LANGLOIS, ancien membre du Conseil supérieur de la Guerre. 4e édition. 1910. Un volume in-8° de 183 pages, broché . . . . **2 fr. 50**

Le Service à court terme et la préparation de la Cavalerie en vue de la guerre, par le colonel breveté P. SILVESTRE, du 30e régiment de dragons. 1906. Volume grand in-8 de 183 pages, broché . . . . . . **3 fr. 50**

Le Risque militaire et la Solidarité sociale, par le capitaine Léonce DOUSSET. 1907. Un volume grand in-8 de 210 pages, broché . . . **3 fr. 50**

L'Avancement des officiers en temps de paix. 1906. Brochure in-18 de 36 pages. . . . . **50 c.**

La Justice militaire, par le lieutenant François BASSIEUX, du 5e régiment d'infanterie. 1907. Brochure in-8 de 29 pages . . . . **60 c.**

L'Armée et la Mutualité. *Conférence faite à l'École de Saumur*, par le colonel BOYER. 1906. Grand in-8 . . . . **15 c.**

Les Armées de la France moderne.—I. *L'Épopée française, 1792-1815.* — II. *L'Armée de métier, 1815-1870.* — III. *La Nation armée, 1870-1908*, par le capitaine FOUQUET. Un volume in-12 de 164 pages, broché . . . **2 fr. 50**

Récits d'Histoire militaire, par le lieutenant GELLY, du 146e régiment d'infanterie. 1909. Un volume in-8 de 157 pages, avec 44 croquis de batailles ou de sièges, broché . . . . **2 fr.**

Récits et Souvenirs pour les Canonniers, rassemblés pour l'éducation morale des hommes. 2e édition. 1896. Volume in-18, cartonné . . . **75 c.**

Histoire générale de l'Armée nationale depuis Bouvines jusqu'à nos jours (1214-1892). *Recrutement, organisation, écoles. Armement, uniformes, drapeaux. Hiérarchie, grades, avancement. Administration, discipline. Art militaire*, par le capitaine Ch. ROMAGNY, ex-professeur adjoint de tactique et d'histoire à l'École militaire d'infanterie. 1893. Un vol. in-12 de 337 pages, br. **3 fr.**

Tableaux d'Histoire militaire (1643-1898), par J. DE VERZEL, lieutenant au 54e régiment d'infanterie. 1901. Un volume in-4, contenant 39 tableaux à double page, broché fort . . . . **3 fr.**

Le Centenaire de Saint-Cyr, 1808-1908. Un vol. grand in-8 de 224 pages, avec 20 gravures, 10 planches en noir et 4 planches en couleurs, br. . **3 fr.**

Souvenirs et Campagnes d'un vieux soldat de l'Empire (1803-1814), par le commandant PARQUIN. Avec une introduction par le capitaine A. AUBIER. Nouvelle édition. 1903. Un volume in-8 de 474 pages, avec portrait, broché . . . . **6 fr.**

Les Vertus guerrières. Livre du Soldat, par le général Ch. THOUMAS. 6e édition. 1911. Un volume in-12 de 406 pages, broché . . . . . **3 fr.**

Les Horreurs de l'Invasion 1870-1871. Publication du 20e corps d'armée. 1913. Un volume in-8 étroit, broché . . . . **90 c.**
Tirage pour l'armée : Par 50 exemplaires . . . . **40 c.**

LIBRAIRIE MILITAIRE BERGER-LEVRAULT

PARIS, 5-7, rue des Beaux-Arts — rue des Glacis, 18, NANCY

Pour la Patrie, par l'École. *Trois conférences aux instituteurs*, par le lieutenant MERCENON, du 90e d'infanterie. 1910. In-8 étroit, 61 pages, cartonné . . . . **1 fr. 25**

Pour l'éducation du Soldat. *Recueil de conférences données aux militaires de différentes garnisons*, par Émile LESUEUR, docteur en droit, avocat près le tribunal civil d'Arras, sous-lieutenant de réserve au 120e régiment d'infanterie. 1909. Un volume grand in-8 de 272 pages, broché . . . . **3 fr. 50**

L'Âme du Soldat. *Essai de psychologie militaire pratique*, par le capitaine VAILLANT, du 74e régiment d'infanterie. (Ouvrage honoré d'une citation de l'Académie des sciences morales et politiques.) 2e tirage. 1911. Grand in-8 de 72 pages, broché . . . . **1 fr. 25**

Le Soldat dans la Guerre de demain. *Causeries morales sur la guerre*, faites à ses hommes libérables par un officier d'infanterie (Lieutenant RIMBAULT). Un volume in-8 étroit, broché . . . . **1 fr. 50**

Précis de morale, *destiné au Soldat pendant et après son passage au régiment*. A l'usage également des Sociétés de préparation militaire et des écoles, par A. MASSACRIER, capitaine au 92e régiment d'infanterie. 1911. Brochure in-8 de 55 pages . . . . **50 c.**

Pour nos Soldats. *Essai d'éducation morale*, par le capitaine ROMAIN, professeur adjoint d'art militaire à l'École d'application de l'artillerie et du génie. (Ouvrage couronné par l'Académie Française.) 3e édition. 1911. Un volume in-12 de 200 pages, broché . . . . **1 fr. 25**

Préparons-nous à la victoire, par Luigi NASI, major de bersagliers. Traduit de l'italien par le commandant PAINVIN. 1912. Un volume in-12, br. **1 fr. 50**

Le Livre du Soldat dans ses foyers. Suivi d'une annexe sur la prévoyance et la mutualité, par le commandant F. CRAPUIS. 2e édition. 1913. Broch. in-12 de 87 pages . . . . **30 c.**

Questions de Philosophie militaire. Instruction et Éducation. *Propos d'un Officier d'Infanterie*, par le capitaine DE RIPERT D'ALAUZIER, du 20e bataillon de chasseurs à pied. 1911. Un volume in-8 de 202 pages, broché. **3 fr.**

Méthode d'instruction du Soldat. *Entraînement, Discipline, Instruction, Progression de l'instruction des jeunes soldats*, par le capitaine Ch. PONT, du 37e régiment d'infanterie, breveté d'État-major. 1906. Un volume in-8 de 83 pages, broché . . . . **1 fr.**

L'Art de commander. *Principes du commandement*, à l'usage des officiers de tout grade, par le capitaine André GAVET. (Couronné par l'Académie Française.) 3e édition. 1912. Un volume in-12 de 257 pages, broché . . **2 fr. 50**

L'Éducation dans l'armée d'une démocratie, par le capitaine LEBAUD. 1908. Un volume in-12 de 206 pages, broché . . . . **2 fr. 50**

Les Forces morales pour la guerre. *Lettres à un jeune officier*, par le général BERNARD, commandant supérieur de la défense et de la place de Lyon. 1908. Grand in-8 broché . . . . **1 fr. 50**

Essai d'instruction morale, par Prosper SIMON, lieutenant de vaisseau. Nouvelle édition. 1906. In-18, broché . . . . **25 c.**

Pour l'Enseignement national. — **Après l'École et au Régiment. Causeries**. *Patrie et armée. Histoire et géographie. Instruction civique. Morale et économie sociales. Hygiène, agriculture, industrie*, par le lieutenant J.-F. ALEXCOCHE, du 26e bataillon de chasseurs. (Ouvrage couronné par l'Académie Française.) 1907. Un volume in-8 de 393 pages, broché . . . . **4 fr.**

Mon Livre. *Manuel d'instruction et d'éducation militaires*, par le commandant MONTAIGNE. (Ouvrage couronné par l'Académie Française.) 1910. Un volume in-12 de 164 pages, broché . . . . **40 c.**

Pour la France et de bon cœur ! *Conseils à un soldat*. 1905. Plaquette in-18 de 14 pages . . . . **10 c.**
25 exempl. 2 fr. — 50 exempl. 3 fr. 50 — 100 exempl. 6 fr. — 500 ex. 15 fr.

Du Développement de l'instruction et du caractère de l'officier. 1903. Grand in-8, 57 pages, broché . . . . **1 fr. 50**

La Vie à la Caserne au point de vue social, par Louis GUENNEBAUD, lieutenant au 41e régiment d'infanterie, docteur en droit. 1906. Un volume in-12 de 139 pages, broché . . . . **1 fr. 50**

La Compagnie modèle, par le lieutenant DE GUIBERT, du 143e régiment d'infanterie. 1906. Brochure in-12 de 60 pages . . . . **50 c.**

NANCY-PARIS, IMPRIMERIE BERGER-LEVRAULT.

www.ingramcontent.com/pod-product-compliance
Lightning Source LLC
Chambersburg PA
CBHW070853280326
41934CB00008B/1428